AF558408

Die Silberfüchsin

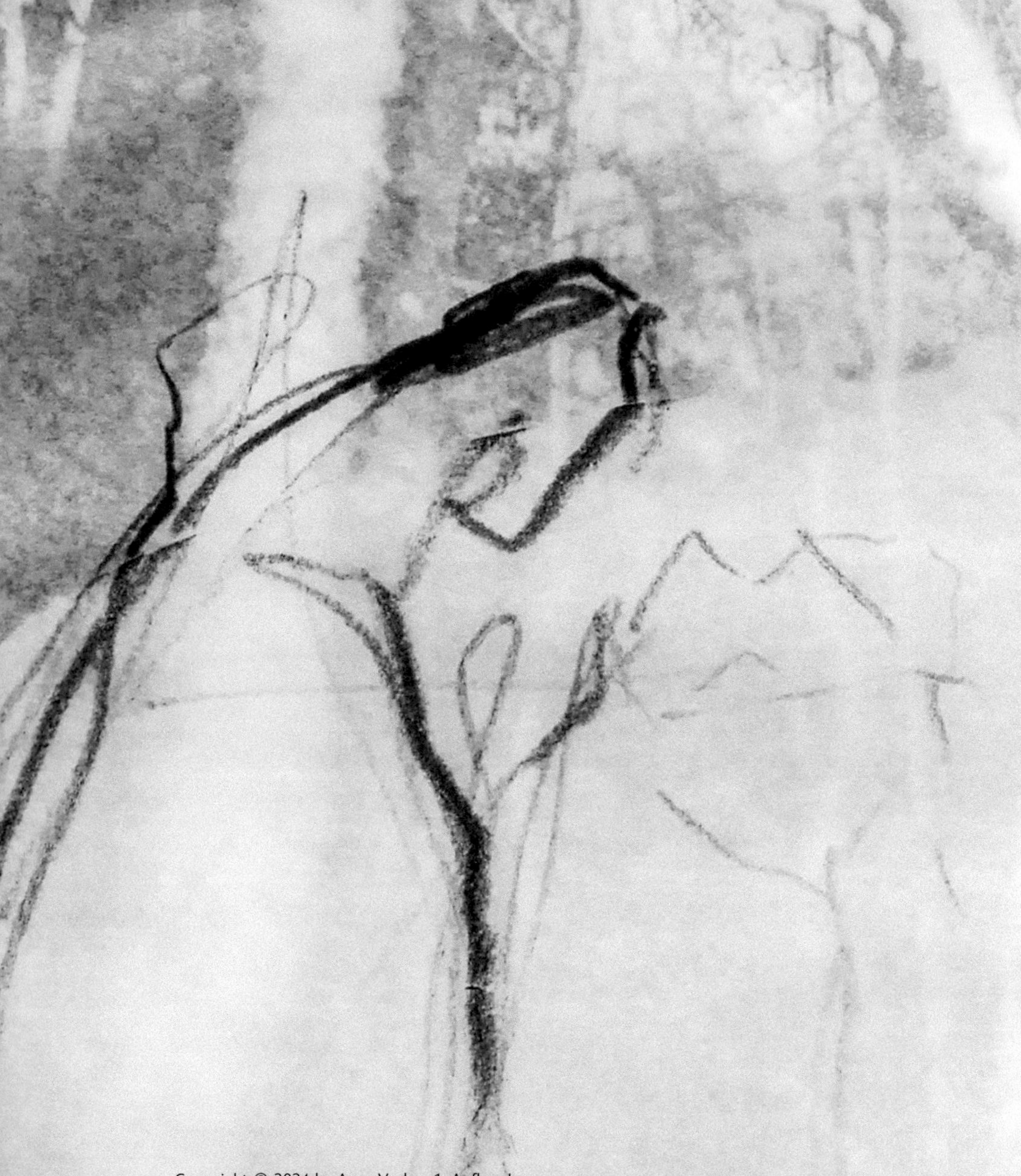

Arun-Verlag, Engerda 28, D – 07407 Uhlstädt-Kirchhasel
Tel: 036743 23314
info@arun-verlag.de
www.arun-verlag.de
Gesamtgestaltung: Cambra Skadé
Herstellung: Jelgavas Tipogrāfija, Lettland

ISBN 978-3-86663-137-3

Inhalt

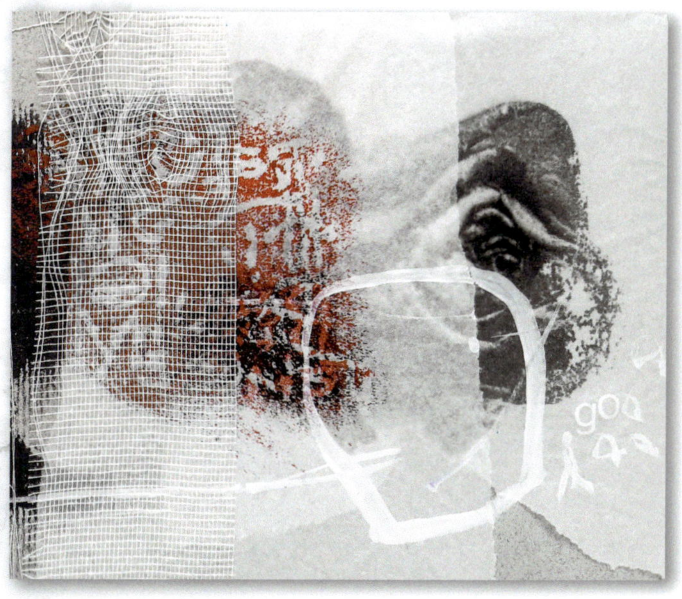

Am alten Feuer

Für kühne Visionen, für freie Wege der Silberfüchsin – weise und erfahren, alt und lachend. Für die alte Häsin. Wenn wir die Erfahrung von vielen Lebensringen mitbringen, viele Jahreszeiten durchwandert haben, mit unzähligen Menschen, Tieren, Pflanzen, Visionen, Träumen und Landschaften in Resonanz waren, dann sitzen wir irgendwann einmal am Schwarzmondfeuer. Was nehmen wir mit aus der roten Zeit, was brauchen wir nicht mehr, was trägt uns, was wartet auf uns? Was sind die Geschenke der schwarzen Zeit, was kosten wir am alten Feuer mit der tiefen Glut?

Ja, alte Feuer haben eine tiefe Glut. Alte Feuer, die leuchten, sind heiß, gespeist aus dem guten Feuerholz all unserer gegangenen Wege und Erfahrungen. Das ist wertvoll. Das haben wir zu geben. Ich wünsche uns allen – den Jungen, den Roten, den Alten – Neugier und Lust auf die Früchte des Alters. Wir brauchen andere Bilder vom Schwarzblumenland. Erinnerte uralte Bilder und Mythen für ein leuchtendes Morgen. Wortmagie und Imagination mögen uns neue Wege weisen. Wie sehen wir uns, wie nennen wir uns? Und wohin gehen wir? Welche Bilder tun sich auf, wenn die Silberfüchsin ins Altfeuerland geht?

Machen wir uns auf den Weg, um den Duft der Weisen Alten in unser Herz zu legen und zu erkunden, wie sich die Schönheit unserer Seele am alten Feuer entfalten kann, wie es uns tiefe Heimat werden kann. Die alte Herbst- und Winterzeit ist auch meine Zeit als ältere Frau. Spätesten dann ist es dran, den Wintergeist genauer zu erforschen und uns etwas wieder zu holen an Selbstverständnis, an machtvollem, lebendigem Sein im Schwarzblumenland. Es ist die Zeit, um unerschrocken an den Schwarzmondfeuern den Geschichten zu begegnen, die da auf uns warten und als Alte für die vielleicht unverständlichen freien Wege wilder Frauen und Maiden zu gehen. Es braucht die weisen Alten. Die ein tiefes „Nein" zur Verfügung haben, wenn etwas nicht lebensdienlich ist und die ein kraftvolles „Ja" fürs Leben sprechen. Die aus großer Lebenserfahrung heraus sprechen und handeln, die souverän und machtvoll wie die alte Winterkönigin dem Leben dienen, egal wie herausfordernd es ist.

Worum geht es in diesem Buch? Um den alten Norden und den jungen Osten im Lebensrad. Um die Winteralte, die Königin mit den Schneespuren im Haar. Um die Zeit der Silberfüchsinnen. Um Wildnatur. Um die Ältestenqualität. Um die weise Alte und die Närrin im Ostquadranten. Um Santa Muerte, die heilige Tödin, um Leben und Sterben und die Todesgöttinnen. Um die Zeit am Schwarzmondfeuer. Ums Älterwerden, ums Altsein, um den ältesten Abschnitt des Lebens.

Es ist geschrieben für die Älteren und die Alten, auch für die frühreifen Alten. Für die, die den Ruf ans Ältestenfeuer hören. Für die Jungen, die sich nach Ältesten sehnen und nicht wissen, wo sie zu finden sind. Für die, die sich nach der Weisheit des Nordens, des Winters, der Reife sehnen in einer versehrten Kindergesellschaft. Für alle, die heimkehren wollen in ihr wildes, freies und weises altes Selbst.

Zur Sprache des Buches. Ich will den üblichen Bildern und der Sprache über Alte und diesen Lebensabschnitt andere Bilder, Wörter, Worte entgegensetzen. Es ist wie ein neues Land, das wir bereisen, erkunden und schließlich bewohnen. Ich nenne es Schwarzblumenland oder Altfeuerland. Manchmal spreche ich davon, dass wir am alten Feuer sitzen, am Schwarzmondfeuer. Es ist ein urmenschliches Miteinander, im Kreis um ein Feuer zu sitzen, zu erzählen, zu bezeugen, zu schweigen, zu verhandeln, sich zu nähren und zu teilen. Ich spreche von der Alten, der Weisen Alten, der Silberfüchsin. Sprache und Wortbilder verändern unser Denken, unser Bewusstsein und vielleicht fallen sie wie Wortsamen auf einen guten Boden, in dem sie Wurzeln schlagen und wachsen, um neue Bilder und Früchte, Blumen und Düfte hervorzubringen.

Ich schreibe dieses Buch als junge Alte. Das heißt, dass ich, was das Altfeuerland betrifft, übersichtliche Landkarten habe. Von Älteren höre ich viel, lausche intensiv und sammle. Und doch, es sind nicht die von mir gegangenen Wege. Ich ehre die, die weiter gegangen sind als ich, die mehr an Winter und Frühling gekostet haben. Sie haben mehr Jahresringe, mehr Jahreszeitenerfahrung und mehr Landkarten. So wird es immer sein, auch wenn ich neunzig bin. Immer mehr lehrt mich das Leben, dass ich nicht alles wissen muss. Nichtwissen ist ein wesentlicher Teil, gerade im Altfeuerland. Das, was ich vermag und weiß, teile ich gerne. Ich spreche vom Rand des Altfeuerlandes aus. Lange bewohne ich es noch nicht. Etwas hat mich das Buch trotz allem anfangen lassen. Es waren weise Worte: „Du bist immer zu jung. Fang an und bei einer neuen Auflage lege deine weiteren Erkenntnisse und Landkarten dazu. So eine Art Update. Die schwarze Blume erblüht ja auch über die Zeit." Es wird also ein Entwicklungsbuch sein.
Und so erzähle ich aus dem Frühling der Alten heraus – wenn die Expedition losgeht, alles gepackt ist und erste Wege gegangen sind. In zehn Jahren sage ich vielleicht über diese Zeit: „Wir waren damals im Basiscamp der Alten." Dann erzähle ich aus dem Sommer oder schon aus dem Herbst der Alten heraus. Ob es eine Wintererweiterung gibt, das steht in den Sternen. Noch weiter gedacht – die allerletzte Zeit der Alten könnte wieder der Frühling sein. Aber das weiß ich noch nicht wirklich.

Das Lebensrad

Altfeuerland, das Reich der Silberfüchsinnen, der Alten. Es ist das spirituellste, das am meisten gewertschätzte Viertel des Lebensrades in weisen Kulturen. Wo auf der uralten Landkarte, dem Lebensrad, ist es zu finden? Das Lebensrad ist eine naturbasierte Landkarte, auf der alles, was es gibt, einen Platz hat. Altfeuerland beginnt im hohen Norden, eigentlich am höchsten Nordpunkt des Rades, im Mittwinter. Die Silberfüchsinnen haben zuerst noch ein Bein im Norden und doch gehören sie letztlich dem Osten an. Dort, wo das Herz von Altfeuerland ist. Ganz unbekannt ist es nicht, denn im Westen liegt bereits die Ahnung davon in den Winden. Im Westen steht der Kessel der Verwandlung, dort erfahren wir immer wieder etwas über Lebensübergänge in Unbekanntes hinein. Es sind die vielen Abschiede und Tode im Leben, die uns auf die große Schwelle im Osten vorbereiten. Der Westen initiiert uns ins Wissen um unsere Sterblichkeit, um Schatten und Unterweltsreisen hinein. Es ist die Zeit, wenn wir uns im Kokon auflösen und neu zusammensetzen. Der Westen bereitet uns erstmals auf Altfeuerland vor.

Wie wäre es, wenn wir in einer weisen Kultur, initiiert und getragen, durchs Leben gegangen wären? Gehen wir zuerst in den hohen Norden. Dorthin, wo die *Crone*, die weise winteralte Königin, sich ihrer selbst bewusst ist, mit allem, was sie ausmacht. Sie weiß, dass es eine neue Ausrichtung braucht. In das heilige Dienen der Königin ist sie hingereift. Sie vermag es, weil sie gut für sich selbst sorgt. Sie kennt ihre Seelenabsicht. Das Wissen um ihre Wirkkraft, ihre visionäre Kraft ist präsent. Sie kann all dem Atem einhauchen.

Sie kennt den Moment, wo sie an der Grenze zum Schwarzblumenland steht. Sie weiß, dass sie dort weiterwachsen wir, neue Erkenntnisse gewinnen und es ist ihr bewusst, dass sich sich noch einmal häuten wird. Sie ist in Frieden mit ihrer gewesenen Lebensgeschichte und bereit, für eine geweitete, umfassendere Seinsgeschichte. Ihre Beziehung zum Leben wird im Tanz mit Närrin und Tödin neu gewebt. Mit dem Übertritt in die Osthälfte des Lebensrades lässt sie ihre Weltenarbeit und ihr Streben und Tun mehr und mehr los. Sie braucht nichts mehr leisten, nichts forcieren, nicht mehr wetteifern, kämpfen und überzeugen. Sie tanzt ins Sein hinein, sie lädt das Annehmen ein. Es ist die Zeit des Lebenfeierns und Zelebrierens. Im Altfeuerland wird sie warten und wachrufen, genießen, segnen und nichtwissen und Räume auftun, sie halten, etwas ermöglichen und all das kultivieren und immer mehr verfeinern. Zunehmend genauer wird sie verstehen, was es heisst, Kanal zu sein. Nicht wollend, sondern zulassend, dass weise, universelle Kräfte durch sie sprechen, atmen und wirken. So, wie die kirgisischen Heilerinnen vor ihren Heilsitzungen rituell sprechen, dass es Umai Ene, die Göttin ist, die durch ihre Hände wirkt. Sie vergegenwärtigen sich, dass sie Kanal sind und andere, größere Wirkkräfte heilen. Die Alten stellen sich zur Verfügung.
Die Silberfüchsin leuchtet und verströmt allein durch ihr Dasein eine besondere Kraft. Ihre Anwesenheit ist ein Geschenk. Sie ist Ausdruck des Lebens, nicht Gestalterin desselben. Auf wundersame Weise ermöglicht sie es anderen, klarer zu sehen oder etwas Wichtiges herauszukristallisieren. Es ist absichtslos, es geschieht einfach. Es ist wie der betörende Duft von Rosen, der die Herzen öffnet, ein beseelender Selbstausdruck, ohne Wollen, ohne Zutun.

Die Lebensabschnittsblumen

Die junge Weiße, die reife Rote, die weise Schwarze zusammen repräsentieren die Göttin in all ihren Aspekten. Drei Blumen in weiß, rot und schwarz für drei Lebensabschnitte stehen für die jeweiligen Weisheitsaspekte und Lebensthemen der Göttinnen-Tridade. Alle haben ihre Zeit – im Erblühen, im kraftvollen Entfaltetsein, im Vergehen. Gerade vom Verabschieden versteht unsere Gemeinschaft wenig. Und doch, in jedem Herbst zeigt uns unsere weise Lehrerin Natur, dass es kein Festhalten gibt. Dass wir gut daran tun, Abschied und Sterben ins Leben zu holen und mit den Jahreszeiten, den Zyklen, der Lebensweisheit selbst gehen. Manche Blütenblätter waren köstlich, andere bitter. Manches ist geklärt, anderes bleibt offen. Das macht so eine Lebensabschnittsblume aus. Es geht ums Gesehenwerden der Lebensabschnittsblume in ihrer Ganzheit, mit einem Ja, das kein Gefallens-Ja sein muss. Ein neutrales Ja reicht. Dann ist ihr Verwelken so schön und aufregend wie ihr Erblühen. Dann geht der Raum auf für die nächste, neue Blume. Das ist unsere Natur. Das wollten wir doch erforschen – diese Tänze, diese Pulsationen. Deswegen sind wir doch hierher gekommen. Mögen wir uns erinnern. Vom weißen Feuer zum roten und schließlich zum schwarzen zu gehen, alle Lebensabschnittsblumen rundtanzen, das birgt das Potenzial des erfüllten Wandels. In jeder Lebensabschnittsblume liegt das Geschenk einer erfüllenderen Identität, eines größeren Zuhauses. So sind wir in einer lebendigen Welt zu Hause, so beheimaten wir uns tief im Leben. Jede Lebensabschnittsblume eröffnet eine ganz eigene Poesie von Wirklichkeit.

Das Schwarzblumenland hält viel Weite und Öffnung bereit. Und es weist die Wege in die Tiefe. Das braucht Zeit. Zeitweit werden, uns in die Zeit hinein dehnen, ruhen, all das. Es ist die Winterweisheit, die uns das viele Jahrzehnte gelehrt hat. Wir hatten sechzig, siebzig, achtzig Jahre Zeit, der Natur zuzuschauen und uns unterweisen zu lassen. Nun wird abgefragt, ob wir bereit sind, Winterweisheit zu leben, uns ruhen zu lassen, damit sich unsere innere Natur erneuert. Damit die schwarze Blume in ihrer Zeit wirklich erblüht und in den Osten hinein erwacht.

Inanna – Reise des Loslassens

Der Mythos von Inanna ist der machtvoller Mythos einer großen Königin, die alles hat an Erfülltheit der roten Lebensblume, alles, was sich eine nur wünschen kann. Frei und willig geht sie in die Unterwelt zu ihrer dunklen Schwester Ereschkigal. Sie sagt: „Ich bin Inanna, Abendstern, auf der Reise zum Morgen." Sie begibt sich mutig und mit ganzem Herzen in diesen mächtigen Prozess hinein und stellt sich all den Herausforderungen. Etwas in ihr weiß, dass sie große Schätze bergen wird. Eine, die weise ins Alter geht, wird sich, wie Inanna, der Dunkelheit, der Trauer, den Schatten und der Tödin stellen. Erst dann begreifen wir uns selbst und das Leben in seiner Ganzheit. Dafür durchwandern wir die Nacht. Inanna weiß, dass es eine große und gefährliche Reise ist. Sie nimmt ihre Insignien und Kraftgegenstände für die Begegnung mit der Todesgöttin mit. Sieben heilige Gegenstände sollen sie schützen. Sie repräsentieren ihre weltliche, ihre königliche Macht. Gekrönt, mit Lapislazulisteinen, Amulett, Schutzreif und anderem, sowie ihrem prachtvollen Gewand macht sie sich auf die lange Reise. Geehrte Göttin des Landes und des Lebens, die sie ist, ist sie am Tor zur Unterwelt eine Unbekannte. Sie anerkennt die heiligen Bräuche des Schattenreichs und legt an sieben Toren all ihre Insignien nieder. Nackt, sich wandelnd und unbeirrt geht sie weiter zu ihrer Schwester Tod. Dass sie von der Reise ohne Wiederkehr zurückkommen kann, verdankt sie ihrer Gefährtin Ninschubur. Diese verhandelt mit einer Wandelgottheit und schließlich kehrt Inanna dank des Lebenswassers, das ihr zwei Geistwesen bringen, zurück. Sie ist mächtiger als jemals zuvor, geweitet, verwandelt. Sie war bereit, sich der Dunkelseite zu stellen. Inanna wusste um ihre Schätze, ihre Macht, ihren Rang, ihre Fähigkeiten, sie konnte sich auf die Liebe und die Freundschaft verlassen. Und doch war es eine herausfordernde Reise, deren Ausgang offen war. Sie ist bis auf den letzten Wesenskern gegangen und war bereit, alle Identitäten loszulassen, um pur am tiefsten Punkt anzukommen. Wenn wir unser Aussehen, unsere Gesundheit, unseren Erfolg und all das loslassen, dann ist es wie der Weg von Inanna. Als wer stehen wir dann unten bei den dunklen Göttinnen, bei unserer dunklen Schwester? Wer ist diese Frau und ihre unzerstörbare diamantene Essenz? Können wir auf dem Weg und dort unten im Vertrauen bleiben? Anerkennen wir die Tödin? Nehmen wir sie ganz zu uns, in unser Leben hinein? All diese Fragen werden uns am tiefsten Punkt gestellt, uns allen. Es macht allerdings einen großen Unterschied, ob wir, wie Inanna, bewusst in den Wandelprozess gehen oder nicht.

Nehmen wir die Bilder vom ausbalancierten Lebensrad, von Inanna, von den erblühten Lebensabschnittsblumen mit auf die Reise. Sie helfen uns, wenn wir mit scharfem, kritischen Blick auf den Geist unserer Zeit zum Thema Alter und Altwerden schauen. Da landen wir zwischen Tabu und Leere. Auf diesen Landkarten ist das Schwarzblumenland nicht verzeichnet. Wo sollte da der Antrieb, die Sehnsucht herkommen, es zu erkunden? Die Hinwendung vieler geht Richtung Vergangenheit, hin zur Jugendlichkeit. Es ist die Frage, ob wir uns dem neuen Land hingeben oder am Bisherigen festhalten.

Und die Visionen? Sie liegen in der Drogerie im Hautpflegeregal. Als gute Schwarzmondaktivitäten werden Wellness, sportive Seniorinnenreisen oder ein Ehrenamt angeboten. Die Weise Alte steht vor dem Drogerieladen und sagt: „Wer hat Angst vor der Schwarzblumenzeit? Und was es Dich angeht." Ist es die Angst vor der eigenen Vergänglichkeit, vor der Tödin? Die Jahrhunderte alte Gehirnwäsche und Dämonisierung der Tödin sitzt tief. Die Weise Alte ist, wie die Tödin, nicht gerne gesehen. Zu machtvoll, zu weit weg von Konventionen, zu wild und frei, zu radikal und zu unregierbar. Die Weise Alte sagt: „Die Wege zu mir würden Dich in eine neue Freiheit führen."
Das klingt verheissungsvoll und doch braucht es ein gutes inneres Feuer, denn dieses „meiner eigenen Wahrheit verpflichtet, radikal, frei, alt und lachend" kann von aussen Unverständnis, Widerstand und manch eisige Winde mit sich bringen. Allerdings sind wir lebenserfahren und wissen, dass sich unser Umfeld an vieles gewöhnt und sich die Winde wieder legen, wenn wir nur unbeirrt bleiben. Auch der Humor, die Kunst, über uns und die Welt zu lachen, wird uns dabei helfen.

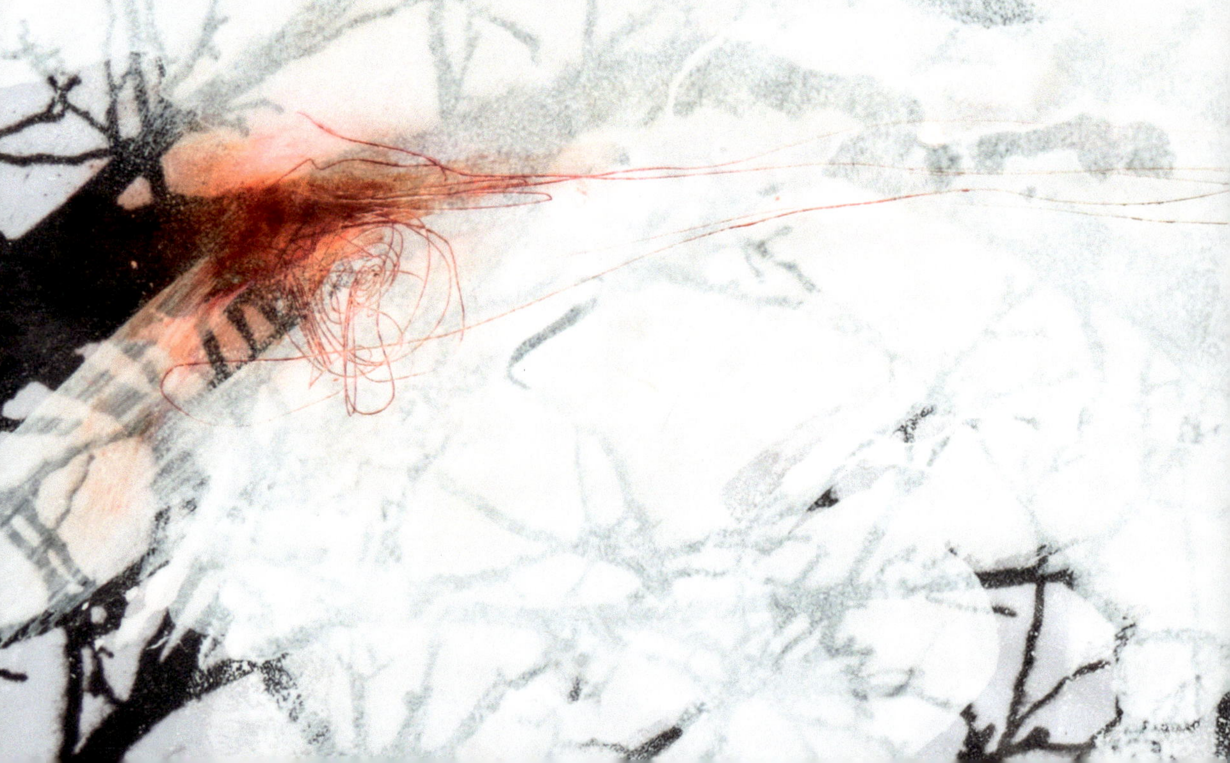

Wir haben gelernt, Dinge besser zu durchschauen, zu verstehen, wir können anders und schärfer schneiden, etwas radikaler beenden und beherzter etwas beleben, wenn es wesentlich ist. Da bleibt manchen um uns herum die Spucke weg. Keine Angst, sie kommt wieder.

Im Schwarzblumenland haben wir möglicherweise noch mehrere Jahrzehnte, sie wollen gefüllt sein, sich entfalten. So ist es gedacht, immer schon. Wenn unsere Mondblutzeit vergleichbar war mit dem Wechselstrom, so ist die Schwarzmondzeit wie ein mächtiger Gleichstrom. Für was könnte uns diese Zeit freistellen? Was möchte sich in diese Zeit hinein gebären? Es wird um andere Werte, um andere, neue Geschichten gehen, die gelebt werden wollen. Zeit und Leben und Momente werden kostbarer, endlicher. In diese Lebenszeit hinen hören wir, dass Wesentlicheres ruft. Die Schwarzmondfrau, die Silberfüchsin möge ihre Schönheit sehen und sich ihrer Würde bewusst sein. Sie hat eine große Gestaltungskraft, sie weiß, wie es geht, sie kennt das Loslassen und den Neubeginn, sie hat all das viele Male durchwandert.

Das brauchen wir auch. Denn wenn wir uns von geliebten Menschen und Tieren verabschieden müssen, wenn die Tödin uns in neue Lebensweisen hineinführt, dann lösen wir das Wir auf, das wir miteinander waren. Dann gehen wir wieder ganz in unser Ich, in unser Eigenes. Das ist ein großer Prozess, der sich da vollzieht. Oftmals weitet sich etwas hin zur Transzendenz, zu einem größeren Ganzen, hinein ins All-Eins-Sein.

Annäherungen

Gut wäre es, wenn wir uns frühzeitig dem Altwerden annähern, spielerisch, nicht erst aus der Not heraus. Leichter wird es, wenn wir uns Zeit geben, organisch ins Altfeuerland hineinzuwachsen, dann ist es ein wirkliches Hineinreifen. Das Altwerden anerkennen, es nicht leugnen, bis es unübersehbar ist. Ein behutsamer Prozess wäre heilsam. Lasst uns erkunden, welche andere Art von Freiheit wir finden, welche Schätze es zu heben gibt, welche Verheissungen in der Luft liegen. Speisen wir unser Altwerden mit starkem Erinnerwissen und nährenden Bildern für uns, heute, hier und für das Morgen der kommenden Alten.

Wie können wir uns spielerisch dem alten Feuer annähern? Es braucht Rituale, Zeremonien, Feste, wenn eine ans alte Feuer geht. Vielleicht einen neuen oder erweiterten Namen. Es könnte Schwarzmondgeschenke geben, wenn die junge Alte von den älteren Frauen empfangen wird und ihren Platz in der schwarzen Schwesternschaft einnimmt. Es könnte eine Maske für die Alte entstehen und ein Gewand, mit dem wir in den Tanz gehen. Das Gewand eignet sich gut, um neue Lebensabschnitte zu markieren. Wir können es uns selbst schenken oder ein Ritualgewand machen (lassen). In manchen Kulturen haben Frauen nach der Menopause ein eigenes Gewand, eine besondere Tracht, die ihre Würde unterstreicht. Die alten Bergfrauen von Steingaden haben eine Brokattracht. Sie ist aufwendig und würdevoll, kostbar und wunderschön. Hohe Fellmützen unterstreichen ihr königliches Auftreten. Und sie tragen ihr Gold. Eine andere zeigt mit dem neuen Gewand möglicherweise ihre Wildnatur, der sie, frei und befreit, viel mehr Raum geben möchte.

Lebensgeschichten

Wir können immer wieder in schamanischen Reisen zur Knochenmutter gehen, mit all unseren Fragen, um hineininitiiert zu werden und für gute Wege. Wenn wir einen Brief an uns schreiben, als *Crone* in ihrer Weisheit, als Älteste, was würden wir uns sagen, wenn wir mit ihren Augen auf uns schauen? Lesen wir es uns laut vor, lauschen wir der Weisen Alten, die in uns wohnt, die zu uns spricht, pflegen wir den Kontakt zu ihr. Oder wir lassen die Wildnatur durch uns sprechen. Sie wird unsere wilde Seele berühren. Mit Wildwörtern können wir einen Wortteppich weben, auf dem unsere Seele tanzt und ruht. Hören wir ihr zu. Wir können einen Mythos für unser Sein im Schwarzblumenland schreiben, vorausliebend schreiben. Ein Mythos, von dem wir uns ans alte Feuer ziehen lassen, wie eine Nabelschnur, wie ein Silberfaden. Unser Mythos wird unser Leben in einen größeren Zusammenhang einbetten und auf eine universelle Ebene heben. Es wäre die Fortsetzung unserer Lebensgeschichte, die wir aufschreiben, erzählen und damit ehren. Mit einem unverstellten Blick auf unser Leben, der uns das gelebte Leben annehmen lässt. Im Erzählen können wir Frieden machen mit dem, was unerfüllt war, mit alten Geschichten und sie loslassen. Die Geschichtenheilkunst ist gerade im Alter eine mächtige Heilkraft. Uns selbst achten, uns verstehen in unserem Gewordensein, uns verziehen haben, das lässt uns gewandelt, gereift und souverän in unserer neuen Identität als Alte, als Silberfüchsin sein. Wenn wir ohne Bitternis und Groll ins Altfeuerland gehen, kann es seine ganze Schönheit entfalten. Dann reissen die Nebel auf und eine große Weite wird sichtbar. Und die schwarze Blume entfaltet sich.

Mancher Lebensweg scheint schwierig gewesen zu sein oder sogar mit einem Gefühl von hier und da gescheitert zu sein. Wie heilsam ist es, unseren Lebensweg im Rückblick zu runden. Es ist eine Selbstinitiation ans Schwarzmondfeuer. Wenn wir mit einem anderen Blick auf unseren Weg schauen, können wir ihn leichter zu uns nehmen und Ja sagen zu dem, was wir gelernt haben. Mit allem, was wir wollten und es loslassen mussten, weil der Winter bevorstand und es nicht mehr genügend Licht und Wärme gab, damit es reifen, wachsen und blühen konnte. So wie im Herbst am Rosenstrauch bereits verblühte und in voller Blüte stehende Rosen sind und auch Knospen, die nicht mehr erblühen werden. Frieden machen mit unserem Lebensweg ist auch das Loslassen von dem, was in diesem Leben nicht vollendet werden konnte. Wenn wir unsere Leben mit all den schwierigen Passagen annehmen und die facettenreichen Erfahrungen als Schätze sehen, können wir unsere heiligen Urverletzungen ebenso wie die allgemeine menschliche Verletzlichkeit annehmen. Dann werden wir die Schätze, die in dieser Verletzlichkeit wurzeln, heben. Je älter ich werde, umso dringlicher scheint es mir, Frieden mit unseren Geschichten zu machen. Je früher desto besser. Im Älterwerden, auch im höheren Seelenalter, erfassen wir immer mehr, wie komplex Leben ist. Und auch, dass wir in der großen Menschengemeinschaft eine gemeinsame Aufgabe haben, die da heisst: Was ist Menschsein? Das beleuchtet auch einen anderen Aspekt, der befriedet sein will – falls wir in diesem Leben das Antiprogramm unserer Medizin erforscht haben, beispielsweise das Wissen um Heimat. Wenn eine ein Leben lang auf der Suche nach Heimat war und irgendwann ahnt, dass sie wohl ein Leben lang Suchende bleibt und ihre Heimat nicht finden wird. Was, wenn sie eine ist, die etwas von Heimat versteht, eine Heimaterforscherin und das schon über viele Leben? Wenn sie eine Medizinfrau ist für das Beheimatetsein? Dann wird sie irgendwann in einem ihrer vielen Leben auch das Antiprogramm erforschen, um zu erfahren wie es ist, Suchende zu sein oder ihre Heimat zu verlieren. Als eine, die in der Tiefe etwas von Heimat versteht und weiß, muss sie das Erfahrungswissen haben, wie es ist, heimatlos zu sein. Unsere Medizinen und Gaben und Aufgaben beinhalten immer auch das Gegenteil. Es ist wie ein Bündel an Gaben, das die ganze Bandbreite braucht für Erkenntnisgewinn, für Weisheit und Tiefe. Alle Schamaninnen kennen die Schattenreiche, die Unterweltsfahrten, um gute Medizinleute und Wegbegleiterinnen zu sein.

Vielleicht erblüht der schwarze Lebensabschnitt erst voll, wenn der weiße und der rote Zyklus rundgetanzt, gelebt, durchliebt sind. Macht das erst den Weg wirklich frei für ein erfülltes Schwarzmondfeuer? Wenn nichts offen ist, wenn es gerundet ist, dann kann es in eine neue Spiralwindung gehen.

Was, wenn noch dies und das oder sogar vieles offen ist und sich danach sehnt, Raum zu bekommen und gelebt zu werden? Wie können wir das Offene aus früheren Zyklen abschließen, um in Freiheit zu gehen? Was ist denn noch offen? Wo sind die Sehnsuchtsaspekte? Wie lässt sich die Sehnsucht aus der Jugend im Alter befrieden? Was, wenn es dafür Mittel und körperliche Voraussetzungen braucht, die eine nicht hat? Ich glaube, es ist schon heilsam, die Sehnsucht ehrlich anzuschauen. Um zu erkennen, nach was genau wir uns sehnen. Zum einen könnte der Weg hin zu Mikroabenteuern sein, wie Expeditionen im Supermarkt oder Reisen in andere Ebenen. Oder es gibt eine angemessene Verabschiedung. So können wir Frieden machen mit dem, was nicht gelebt worden ist. Und uns auch verzeihen, falls es Selbstvorwürfe gibt.

Tief heilsam und wertschätzend ist es, unsere Lebensgeschichte als die Geschichte einer Lebenswanderin zu erzählen, die viel erfahren hat und weit gegangen ist. Vielleicht schließen sich damit die Sehnsuchtsstellen oder wir transformieren sie erzählend. All das kann nochmal richtig Arbeit sein, bevor eine gut am alten Feuer sitzt. Es ist ein Initiationsweg, eine Frage der Qualität des Altseins und wie initiiert wir am Schwarzmondfeuer sitzen. Tränen und Trauern sind eine gute Medizin, um die Vergangenheit zu heilen. Tränen gießen die Zukunft, sie bringen was ins Fliessen, es bleibt nicht stecken. Tränen lassen die Vergangenheit mehr leuchten. Sie ist wie sie ist, auch wenn sie schmerzhaft war. Die Annahme ist eingeladen. Die Vergangenheit hat mich wachsen lassen und zu der gemacht, die ich bin, auch wenn nicht alles gelebt werden konnte. Die Sehnsucht, die Wunden sind nicht weg. Ich kann sie heilig sprechen, indem ich meine Geschichte erzähle. Vielleicht erzähle ich sie rituell, hörbar, an einem Ort, der dafür gut ist. Dann frage ich: „Sind alle da, die meine Geschichte hören wollen und sollen?" Vielleicht rufe ich Verstorbene oder welche, die weit weg sind. Sie sind Teil meiner Geschichte und sie sollen sie hören. So runden wir unsere vorangegangenen Zyklen, so gehen wir freier und stärker ins Schwarzblumenland.

Auf der Heilreise den Blick in die Vergangenheit werfen und zu den wissenden Ahninnen gehen. Wenn wir die Alten rufen, die, die das Wissen über Vergangenes hüten, werden wir mit dem Reichtum aus der Tiefe beschenkt. Herbst und Winter sind gute Zeiten, um die Beziehung zur Weisen Alten zu vertiefen, um ihren Geschichten zu lauschen und ihren Rat zu hören. Sie kennt die Wege und führt durch die Nacht. Ihre Weisheit nimmt Bedenken und Ängste an die Hand. Sie weiß um Zuversicht und Mut. Weil sie eine Ortskundige in den inneren Tiefen ist, können wir uns ihr anvertrauen. Sie ist eine gute Führerin durch die Dunkelheit, durch die Räume der Vergangenheit und die inneren Tode. Sie öffnet die Türe ins Weisheitsfeld der Ahnen, sie öffnet die Schatzkisten der Urgroßmütter. Sie unterstützt die Sucherin beim Finden.

Wenn unsere Geschichten geheiligt und gewusst sind, gehört und gewürdigt, dann wird die winteralte Königin des Nordens mit der aufgehenden Sonne des Ostens in die Alte übergehen. Dann hat sie das Rad gerundet. Dann sind wir eine der alten Winterköniginnen, mit den Schneespuren im Haar und dem ersten Ostgold, das sich in der weißen Winterkrone spiegelt.
Wie fruchtbar wäre ein Kreis von Winterfrauen, die zusammen forschend und lachend, weinend und lebenliebend, wanderlernend und geschichtenteilend am Feuer sitzen. Die Geschichten wollen gehört werden, sie sehnen sich danach, dass wir unseren Frieden mit ihnen finden, sie freigeben oder fortschreiben. Das alte Feuer ruft mehr denn je danach.

Der Geschichtenbaum

All den Geschichten aus unserem langen Leben, die geehrt werden wollen, ein weißes Geschichtenband geben. Die sich danach sehnen, erzählt und gehört, gesehen und gewusst zu sein. Für die es Zeit ist, ihren Frieden zu finden. Für die Geschichten, die bereit sind, fortgeschrieben, gewandelt und freigegeben zu werden. Etwas davon auf das Baumwollband schreiben, sie benennen und dann all die vielen Geschichten hinauszutragen – ins Leben, in die Wälder, aufs Feld. Dorthin, wo es sich auf ganz natürliche Weise wandeln kann, wo Regen und Sturm und Vögel und Katzen mitwirken, wo Füchse an den Geschichten riechen und nachts die Rehe all die Geschichtenbänder beäugen und die Eulen mit ihrem Flügelschlag einen Bewegungshauch hineingeben. Wo der Wind die Schwere mitnimmt und die Schönheit gelebten Lebens in die Wolken fliegen lässt.
Viele Geschichtenbänder sind bei einer alten Buche im Buchenhain. In dem habe ich mich verlaufen, durch Brombeerdickicht, ins Unterholz, weil es ja weit ab vom Weg sein sollte. Irgendwann war ich tief in den Wäldern und die Buchen haben mich immer weitergereicht, bis es eine Buchenalte war, die alle Geschichten zu sich genommen hat.

Samen legen

Samen in die Erde legen, Visionen, Bilder, Gebete für kommende Zeiten und für gute Altfeuerwege. Was sind denn meine Samen? Welches Leuchten im Morgen kann ich sehen? Wenn ich es imaginiere, dann ist es schon ein Same. Ich glaube, es braucht wirklich gute Visionen, welche, die die Kraft haben uns zu leiten, zu ziehen, zu nähren.
Mein Herzenssame ist der für die großen Friedensbündnisse, die ich so sehr herbeisehne. Dass die fähigsten, die reifsten und mitfühlendsten Menschen diese Bündnisse vertreten. Dass wir von klein auf spielerisch alle Werkzeuge lernen, die es braucht, um zu verhandeln, zuzuhören, tief und weit zu schauen und weise miteinander umzugehen. In meiner Vision gibt es dafür Schulfächer und gute Lehrende, die schon den Kleinsten unmerklich weitergeben, was die Wege des Friedens sind samt den Landkarten für Herzenskriegerinnen, indem sie es leben und um später reife Herzensdiplomatinnen zu haben für unsere Dörfer und Gemeinschaften. Und auf dass die Alten an Friedensfeuern zusammen sitzen, es selbst verkörpern und nicht müde werden ihre Stimme zu erheben.
Viele Samenzettel übergebe ich der Erde, draussen auf den Feldern, wo der Blick ganz weit geht, bis zu den Alpen. Dort, wo die wilden Wiesen sind mit den vielen Blumen. Weil die ganzen Wünsche und Gebete, die Träume und Visionen so bunt und vielfältig sind wie die wilden Blumen und Gräser, so alltagswundersam und lebendig.

So wie mir vor Jahrzehnten die Weise Alte essentielle Fragen gestellt hat, so stellt sie heute die Tödin. Die Fragen sind sich ähnlich. Die Tödin fragt die Silberfüchsin, ob sie entschlossen ist, wahrhaftig zu leben. Ob sie nochmal mit ganzem Herzen für das Erblühen der schwarzen, der letzten Lebensabschnittsblume geht. Der Geist des alten Feuers schenkt eine große Seelenruhe und eine scharfe Sicht, auch wenn sich die Sehstärke verändert. Die Klarheit des Nordens hat Einzug gehalten. Sie bringt Selbsterkenntnis, Vertiefung, Weite. Es ist ein Weg, ein langsames Hineinwachsen.

Nicht umsonst werden die Alten, die wirklich im Schwarzblumenland angekommen sind, in weisen Gemeinschaften geehrt und geachtet. Genau wegen des gegangenen Weges und ihrer Lebenserfahrung. Sie genießen Privilegien. Sie sind gesehen, sie werden vorgelassen, sie dürfen, wie bei den Maori, schweigen, wenn sie älter als fünfzig sind, obwohl es Usus für alle anderen ist, im Kreis zu sprechen. Ab sechzig ist es ihnen erlaubt im Council zu schlafen. Dort, wo es heile Gemeinschaften gibt, haben die Alten ein hohes Ansehen und sind in wichtigen Positionen. Ihnen wird Wissen, Erfahrung, Kompetenz und eine natürliche Autorität zugesprochen. Oftmals sind sie in bedeutende Aussenpositionen gegangen, als Richterin, Lehrende, Seherin. Durch ihre Erfahrungen sind auch ihre Medizingaben gewachsen. Die Seherinnen in Delphi waren allesamt Frauen nach ihrem Mondblutfluss. Und eine Medizinträgerin von Coyotemedizin wird diese frühestens mit fünfzig in sich wirklich verstehen und leben. In diesem Alter fängt es erst richtig an. In jüngeren Jahren könnten weder die Seherinnen noch die Coyotewomen ihre mächtige Medizingabe weise einsetzen oder sie wirklich verkraften. Das erzählt viel von der Kraft, der Macht, der Weisheit der Alten.

Viel vom weisen Altfeuerland finden wir in Märchen und Mythen. Es ist die Alte, die in und mit der Natur lebt, die gut mit sich allein sein kann. Zärtlich und unerschrocken begegnet sie der Großen Mutter Leben. Sie kennt die Wildniswege und die Kräuter, die Heilweisen und die Magie. Sie lebt in den Wäldern und eine muss sie aufsuchen, wenn sie von ihr lernen will. Sie unterweist die Jungen. Sie vermag heilsam und weise zu wirken. Sie kennt sich mit den Schicksalsfäden aus. Sie ist bereits Teil von etwas Größerem und in engem Kontakt mit den Geistern, den Ahnen, der Weltenseele. Wenn ihre Zeit gekommen ist, wird sie leicht hinübergehen. Schon lange hat sie in die natürliche Ordnung eingewilligt, von der sie sich als untrennbarer Teil weiß. Wenn es Zeit ist, gibt sie ihren Platz frei für Neues.

Märenzeit, Wortmagie, Wirklichkeit kreieren durch unsere Wörter und Worte. Gute Silberfüchsinnen-Geschichten sind wie gutes Feuerholz für alte Feuer, die rufen, weil sie wärmen und duften und es eine Freude ist, dort zu sein.

Die göttliche Füchsin

Die Alten und der Gestaltwandel. Vielfältig sind die Geschichten vom Gestaltwandel der Frauen in Tiere und andersrum. Sie verwandeln sich in Kraniche, Robben, Wölfe, Eulen .... In allen Kontinenten und zu allen Zeiten gibt es solche Geschichten und immer erzählt es von der machtvollen Verbindung von Frauen und Wildnatur. Eine geheimnisvolle Verwandlung ist die von Füchsen in Frauen, vor allem, weil es etwas mit Alter zu tun hat. Reisen wir nach Japan, in die Welt des Shintō. Füchse sind in Japan Boten der Fuchsgöttin Inari. Die Fuchsgeister heissen *Kitsune*. Sie haben Zauberkräfte und belohnen oder bestrafen, je nachdem. Sie sind hoch geachtet und auch gefürchtet. Man sagt, sie bringen Wohlstand und Fruchtbarkeit. Es gibt wundervolle Shintō-Schreine und große Feste für die göttliche Füchsin.

Fuchsgeister, Kitsune, können ab dem Alter von hundert Frauengestalt annehmen. Als zaubrische Fuchsfrauen sind sie voller Anmut und großer Jägerinnenkraft. Alle hundert Jahre spaltet sich ihr Schweif und damit verdoppelt sich ihre magische Kraft. Die Zunahme von magischer Kraft im Alter ist doch verheißungsvoll. Nach tausend Jahren sind es neunschwänzige Füchse, die ihre Kraft nun ganz zum Wohle der Menschen einsetzen. Dann kommunizieren sie mit dem Himmel und werden zu himmlischen Füchsen. Die Fuchsgeister sind schneeweiß – da sind wir Silberfüchsinnen ja nah dran. Die traditionellen Kitsune-Masken sind weiß mit roten und schwarzen Zeichen.

Es ist eine sehr bedeutende Verbindung von älter – weiser – machtvoller. Wenn wir viele kraftvolle Geschichten von Alter, von alten Frauen sammeln und erinnern und sie uns einverleiben, wird es uns guttun und uns verändern. Es braucht vollkommen andere Geschichten als die, die uns hier vorgelebt und erzählt werden. Vielleicht erfinden wir auch neue Silberfüchsinnen-Geschichten, die wir wie Blumen auf unseren Weg streuen.

Es beginnt wie in der Wolfsfrau. Eine alte Geschichtenfindefreundin hat sich mit mir auf die Suche gemacht nach nährender Essenz in Geschichten für uns Frauen. Lasst uns Knochensammlerinnen sein. Lasst uns die weit verstreuten Knochen von Mythen und Mären wieder zusammensetzen, damit die Silberfüchsinnen genährt und inspiriert werden. Erwecken wir zum Leben, was hilft, uns als Alte zu ehren, zu heilen, zu stärken. Wir tragen Knochen zusammen, legen sie dabei frei von patriarchalen Überlagerungen und sortieren die Fragmente, um auf die Knochenessenz zu kommen. Das entstehende Geschichtenwesen will beatmet werden, so, dass sich ein Herz bildet und es organisch fliesst, so lange, bis es wieder lebendig und stimmig ist. Wenn Knochen fehlen, beginnen wir zu imaginieren. Was war es wohl, das an diese Stelle gehört? Fühlt es sich so stimmig an? Oder ist die Wahrheit noch eine Schicht darunter? Es ist, als ob wir immer weiter in die Wälder hineingehen müssen, um die Knochenteile zu finden. Oft braucht es eine Neubelebung durch eigenes Kreieren. Wie bei der neu erfundenen Geschichte von Yasu, den Kitsune und Inari, der Fuchsgöttin.

Wenn eine weiß, was zu tun ist

Vor langer Zeit ging Yasu in den Wald, um Beeren und Pilze zu sammeln. Sie hatte nicht bemerkt, dass sie ins Reich der Kitsune, der Fuchsgeister gekommen war. Als sie sich gerade an der reichen Beerenernte erfreute, sah sie im Unterholz ein sterbendes Reh. Es war wohl alt und seine Zeit war gekommen. Yasu pflückte die schönste Blume, die sie finden konnte, bettete das Reh in frischen Farn und legte die Blume und den Reis dazu, den sie als Wegzehrung mitgebracht hatte. Sie begann zu singen, so, wie sie es von ihrer Mutter gelernt hatte. Sie merkte nicht, dass sie von einer alten Kitsune beobachtet wurde. Als sich der Tag neigte und sie nach Hause gehen wollte, verwandelte sich die weiße Füchsin und aus dem Dunkel des Waldes trat eine sehr sehr alte Frau hervor. Sie war groß und zeitlos schön. Die Fuchsgeistfrau dankte Yasu und gab ihr und dem Kind in ihrem Bauch ihren Segen. Sie werde die Hand schützend über das Kind halten, so versprach sie es. Yasu wusste, wie besonders es war, den Segen einer Kitsune zu bekommen und auch, dass Kitsune ihre Versprechen halten. Dass es sich um eine Fuchsgeistin handelte, das ahnte sie, denn nebelhaft waren die neun Fuchsschwänze zu sehen und über der alten Fuchsfrau war ein geisterhaftes Licht zu erkennen, kitsunebi, das Fuchslicht. Yasu wusste um dieses glücksbringende Zeichen.

Einige Zeit später gebar Yasu ein Mädchen, der sie den Namen Kimiko gab. Da sie um den Schutz der Kitsune wusste, hatte sie nie Angst um ihr Kind, auch wenn dieses oft und lange alleine in den Wäldern spielte. Kimiko liebte den Wald und war dort so instinktsicher unterwegs wie ihre Mutter. Als sie wieder einmal im Wald herumstromerte, sah sie im Augenwinkel eine Füchsin. Schnell rannte sie in ihre Richtung, um sie genauer zu sehen. Ihre Füße waren aber nicht schnell genug und sie stolperte immer wieder über Wurzeln. Sie rannte weiter und weiter. Auf einmal änderte sich etwas in ihrem Lauf, es wurde leichter und schneller. Behende sprang sie über Baumstümpfe und Wurzeln. Sie lief auf vier Beinen. Und siehe da, eine Lichtung tat sich auf und die weiße Füchsin saß in einiger Entfernung vor ihr und wartete.
So begann die Freundschaft von Kimiko und den Fuchsgeistern. Im Älterwerden beherrschte sie das Füchseln immer besser. Sie verwandelte sich wann immer sie Zeit hatte in eine Füchsin und besuchte die Kitsune.

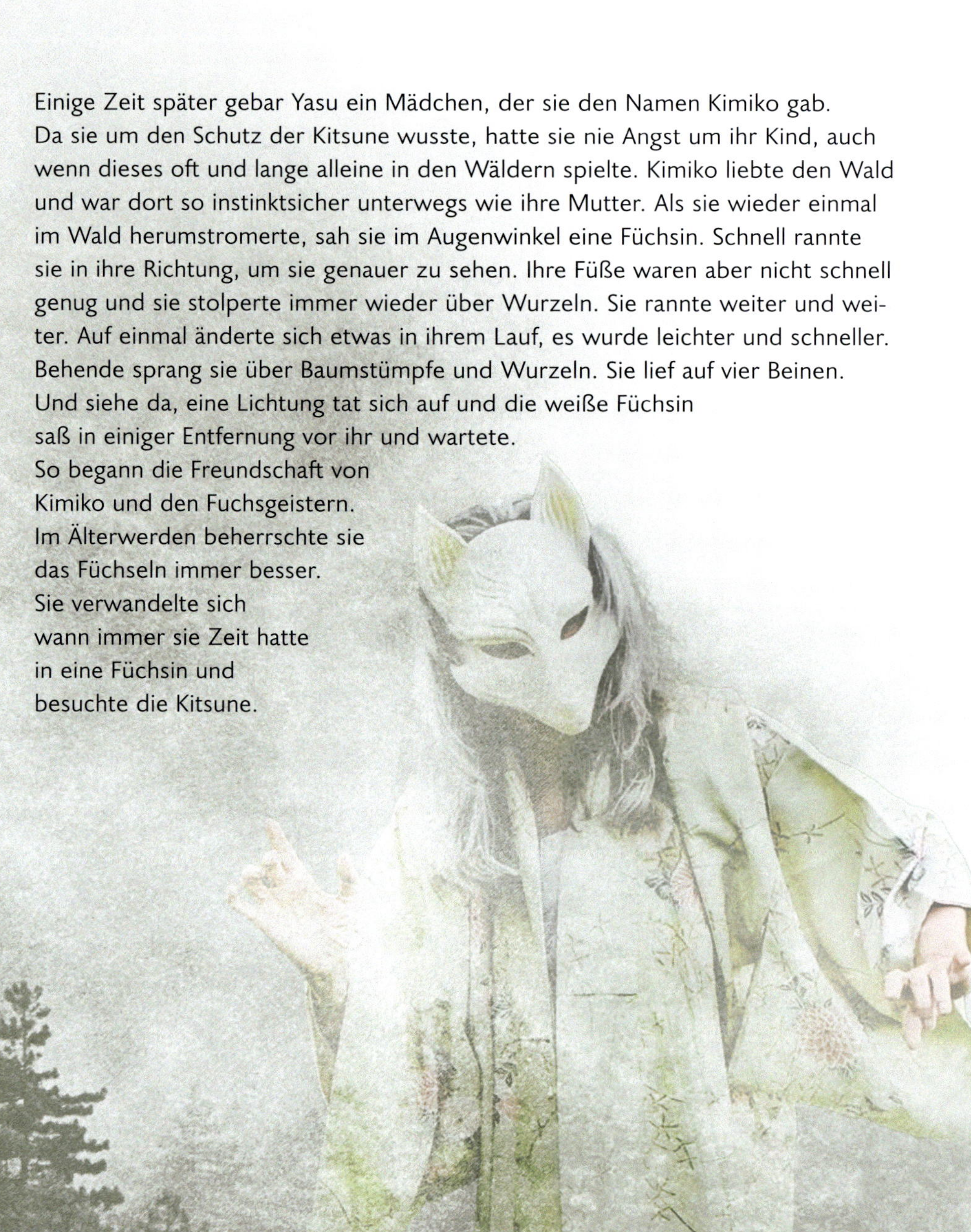

Die Jahre vergingen, sie wurde eine erwachsene Frau, sie lernte dies und das, sie liebte und zog in die Welt, sie genoß ihr Frausein und ihre Füchsinzeiten. Einmal im Jahr besuchten sie und ihre Mutter den Schrein von Inari, der göttlichen Füchsin. Sie legten die schönste Blume und Reis auf den Schrein, um der alten Reisgöttin zu danken. Sie, die für Nahrung, besonders den Reis, für Fruchtbarkeit und die Ernte zuständig war.
Die Jahre vergingen. Yasus Zeit war gerundet und eines Tages sang sie sich nach Hause. Kimiko war mittlerweile eine der Älteren. Ihre Haare wurden silbern und sie sah den geheimnisvollen Silberfüchsen immer ähnlicher.
Da geschah etwas im Land, das alle in große Existenznot brachte. Die Reisernten wurden durch Stürme zerstört und die Menschen wussten nicht mehr, von was sie leben sollten. Auch Kimiko hungerte und immer wieder sah sie Izanami, die göttliche Urmutter, die die Seelen zum Sterben aufforderte. Da ging Kimiko mit dem letzten bisschen Reis, das sie noch hatte zum Schrein von Inari, begann zu singen, saß da, lauschte. Aus der Stille entsprangen Bilder. Formen lösten sich auf und sie wusste, das Leben ist tiefer. Sie verabschiedete sich davon, zu hoffen, dass es besser wird. Die Fülle des Lebens war nicht in der Zukunft zu finden, sondern nur Jetzt. Sie konnte sie nur jetzt erleben, aus sich heraus. Da wusste sie, was zu tun war. Sie zog los und ging zu ihren Leuten. „Lasst uns das Leben feiern in all seinem Wandel und für all die kostbaren Momente danken. Lasst uns noch einmal unsere Geschichten teilen und anerkennen."
Die Menschen machten ein riesiges Reisfest mit allem, was noch da war, ein Lebensfest, bei dem Inari, die Kitsune und Izanami eingeladen und geehrt waren. Sie pflückten die schönsten Blumen, die sie finden konnten, betteten den Reis in weichen Farn und sangen ihre Lieder, so, wie sie es von den Alten gelernt hatten. Und der Frühlingswind wehte die ersten Blüten her.

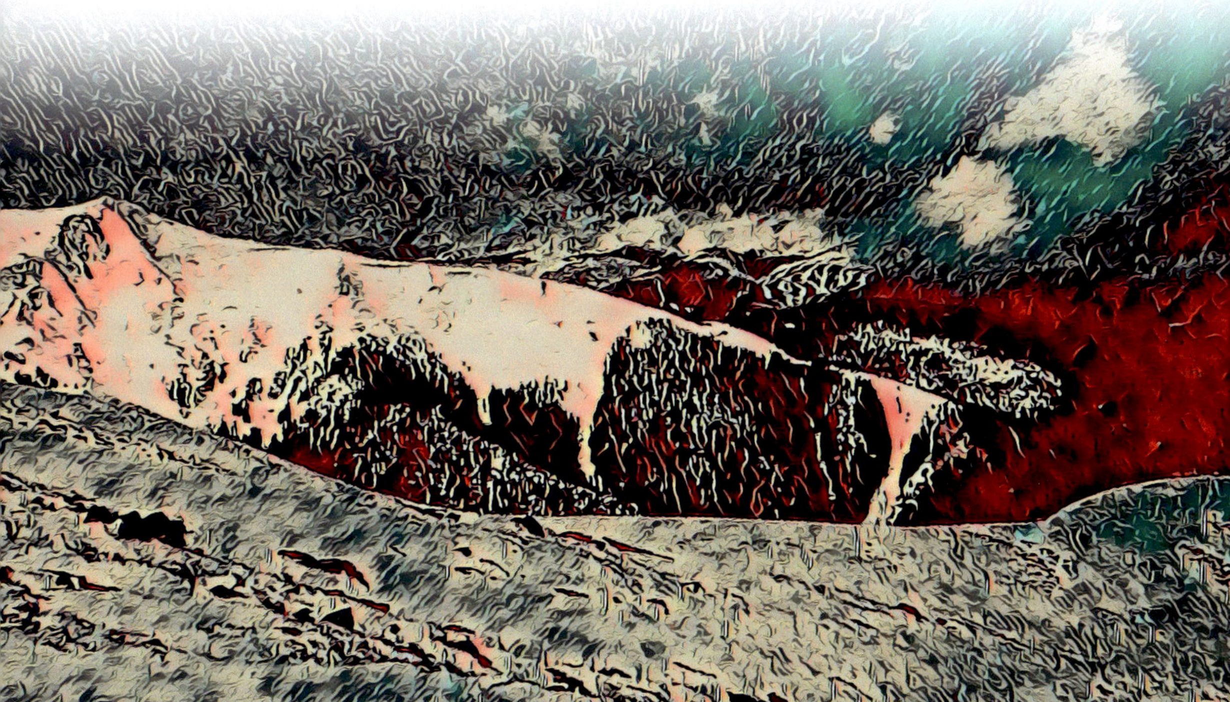

Körperweisheit

Hinspüren an uralte Weisheiten des Lebens. An dieses so unendlich komplexe Leben. Komplex – das, was in unserer Zeit nicht gewollt ist, weil zu kompliziert und nicht kontrollierbar. Es wird alles zunehmend mehr als „simpel, kontrollierbar und machbar" hingestellt und verkauft. Und genau das ist es eben nicht. Es ist tief und weit und komplex. Je älter wir werden, umso mehr wissen wir darum. Und auch, dass es wahnhaft ist, zu meinen, immer alles wissen zu müssen. Im Alter verlieren sich Gewissheiten. Das Ahnen, die Intuition, die Inspiration und die Instinkte dagegen leiten uns gut, wenn wir mit ihnen in Verbindung sind.

Körperlichkeit ist das, was zu unserem Menschsein gehört, was uns ausmacht. Und unsere Körper sind, wie die Natur, unglaublich komplex. Über unser Mondblutwissen aus all den Jahrzehnten und dem weisen Blutwissen der Alten sind wir zutiefst angebunden an Zyklen, an Körperweisheit, an Leben und Tod, an tiefste Lebendigkeit. Unsere Körper sind wie die Weise Alte, ganz nah am Geheimnis des Lebens in seiner Vielfalt. Was, wenn wir uns davon abtrennen, über Hormone, Pillen und Sonstiges? Wenn es den Kontakt zum Körper nicht mehr gibt? Dann ist unser Kompass lahmgelegt.

Die Frage „Wo geht´s lang?" stellen wir Menschen uns von Anbeginn, beim Sammeln, auf Wanderschaft, bei Entscheidungen. Auch in Jagd- und Sammelzeiten war eine Spur notwendig. Dafür brauchen wir einen Kompass. Unsere Körperweisheit hätte ihn. Wenn wir den Zugang dazu verloren haben, werden wir auf Signale von Aussen reagieren – auf Anweisungen, Befehle, Narrative, Medien- und sonstige Signale – und ihnen folgen. Von Aussen wird´s gesagt und in Ermangelung eigenen Wissens und Spürens hören wir darauf. Das ist sehr gefährlich. Wenn die Intuition nicht am Start ist, passieren solche Dinge wie in diesen Zeiten. Dann ist es sogar eine Erleichterung und Scheinsicherheit, wenn wir einfach machen, was von Aussen vorgegeben wird. Dann gibt es Gesundheits- und Lebenspläne und Gedankenkonstrukte und alles wird beliefert mit fertigen Lösungen, denen wir einfach nur folgen müssen. Im Zyklischen, im Körper beheimatet sein, mit unserem Schoßraumwissen verbunden, heisst in Verbindung mit dem Leben zu sein und das ist der beste Kompass. Es ist die Basis und es ist unglaublich komplex und schöpferisch und weise.

Kessel und Schoßraum

An einem der Feuer im Schwarzblumenreich bekam sie einen Kessel überreicht. Er schien schon in vielen alten Frauenhänden gewesen zu sein. Es hieß: „Geh zum Ursprung, finde die Geschichten, erinnere Dich, sammle." Jedesmal, wenn sie ihn auf ihr Feuer stellte und das Wasser zu brodeln begann, tauchten Bilder auf. Sie tauchte ein und ging zu Cerridwen, die den Kessel hütet und zu den Dunklen Göttinnen. Sie sah, wie vieles zerkocht und neu zusammengesetzt wurde. Dann ging sie zum Weltenbaum und stieg hinunter ins Wurzelreich. Auch dort stand der Kessel und es dampfte und kochte. Einmal warf sie einen Blick auf Kalis Kessel mit Blut. Er dehnte sich aus, wurde weiter und weiter, hin zu den Uranfängen, wurde ein uteriner Blutozean, wurde Urkraft und Schöpfungsquelle. Sie sah das Mondblut, den Lebensquell und den Kessel. Sie sah die Alten mit ihrem weisen Blut, das Erneuerung bringt. Da tauchte sie tiefer ein in die Schoßraumweisheit. Die Uralte zeigte sich ihr in vielen Gestalten – die Alte, die das ewig Werdende kennt, die Gesamtheit der lebendigen Welt, die Wandelkraft. Wie die Tödin nimmt die Weise Alte alles in ihren Kessel auf, Schwache und Starke, Reife und Unreife, Verlorene und Erwachte, unterschiedslos und alles vermischt sich. Die Trennung hebt sich auf.

Sie hütete ihren Kessel und holte viel an Wissen wieder zu sich. Es wurde zeitlos, wenn sie rührte, sang, lauschte und in den Dampf schaute und auf Reisen ging. Sie ließ sich in ihren Schoßraum sinken und hörte auf die weise alte Stimme, die dort zu ihr sprach.

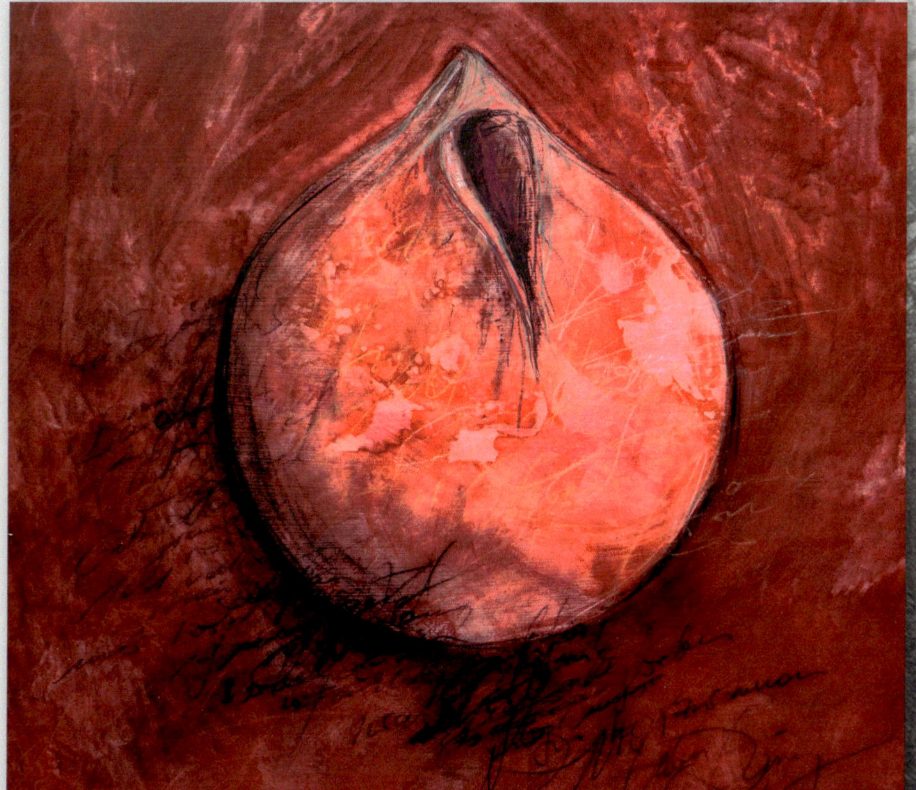

Femorial

Als Alte sind wir vielen wunderbaren Frauen begegnet. Wandern wir unser Leben ab und feiern wir all die Frauen, die Wegbereiterinnen, Wegbegleiterinnen waren und sind, wichtige Ahnfrauen und Gefährtinnen, Inspirierende und die, die an uns glauben, Heldinnen unserer Alltage, Spiel- und andere Gefährtinnen, Musen, Patinnen, Liebste, Bedeutende samt uns selbst. Wir können alle Menschen ehren, die für uns wichtig und kostbar waren und sind.

Wenn wir für sie alle einen Namenszettel machen, werden wir sehen, wieviel wunderbare Begleitung es in unserem Leben gegeben hat. Wenn wir all die Namenszettel hinaustragen, werden sie wie Gebetsfahnen im Wind wehen und unseren Dank und unsere Freude über das Miteinander kundtun.

Transformationsfeuer

Geschichten, Wörter, Erinnerungen, Altlasten, Wünsche und Sehnsuchtsaspekte, die ich verabschieden will oder die im Gepäck sind und ganz woanders hingehören, übergebe ich dem Feuer und die Asche den Winden.
Sie bekommen noch einmal einen Namen auf einem Zettel, ein bewusstes Hinschauen und Loslassen. Vielleicht gibt es hier und da eine Träne, Wehmut oder auch ein freudiges Aufatmen. Altfeuerland hat starke Transformationsfeuer, wenn wir bereit sind, wirklich auszulichten.
Das möge sich eine gut überlegen. Einmal, in satter Bereitschaft für Transformation, habe ich Baba Yaga gerufen mit der Bitte, das aufzulösen, was hinderlich ist, was nicht zu mir gehört. Das habe ich nicht zweimal sagen müssen, so schnell konnte ich gar nicht schauen, war mein Leben ausgelichtet. Es haben sich zig Sachen aufgelöst, an die ich nicht dachte und an denen ich, hinderlich oder nicht, doch stark hing. Am alten Feuer ist eine klüger und kann die Macht der Dunklen Göttinnen und ihre eigenen Wünsche besser einschätzen.

Lebensfelder

Begeben wir uns auf die Reise ins Lebensrad zu den Altfeuerzeiten, dorthin, wo wir diese erahnen, einen Moment lang kosten und dorthin, wo sie verortet sind. Beginnen wir im August. Sei gegrüßt Schnitterin! Der hohe Sommer wird langsam älter, die Zeit des Erntens und Schneidens ist gekommen. Wer leben will, muss sterben können. Lebenssaft und Lebensperlen – pflücken, einsammeln, verwandeln.

Eine Begegnung – wenn es reif ist, vollendet, gerundet.
Das Leben kosten, es feiern, es berühren, es zelebrieren und tief einatmen.
Den Sommer einatmen, er wird einmal die alten Knochen wärmen.
Gracias á la Vida, tanze das Leben. Mama Vida, Mama Muerte, danke für das, was ihr schenkt und lehrt, das Lachen und das Weinen, das Kommen und das Gehen. Schnittern, Lebensfelder abgehen, die Sichel in der Hand und schauen, für was es Zeit ist. Die Schnitterin fragt: „Was ist erloschen, was brennt?" Ernten, segnen, stehen lassen, was noch nicht reif ist oder die Sichel dort ansetzen, wofür es Zeit ist. Etwas runden.

Die Königin bereist ihr Land bis an die fernsten Grenzen. Die goldenen Ähren küssen ihr Gewand, sie segnet sie alle mit weiser Hand. Die Quellen des Lebens fließen. Es ist ihr alter Sommer im satten Genügen, im stillen Genießen. Die Königin reitet auf rotem Ross und schaut auf die weißen Berge, als sie die Schnitterin sieht, im wehenden Kleid. Die Sensenfrau summt eine alte Weise, sie erzählt vom letzten Ziel einer jeden Reise.

Die Schnitterin ist an unserer Seite, die Sensenfrau, Santa Muerte. Was bleibt, was geht? Was schnittern wir, was ernten wir, was kompostieren wir? Was bleibt auf dem Feld stehen, vielleicht für die Roggenmuhme? Einmal war es mir wichtig, das wuchernde Tun zu schnittern – das Bewegen, das Wollen und Aktivsein, um Boden zu schaffen für das Geschehenlassen, für´s Lauschen, Empfangen und Ruhen. In all den Turbulenzen, dem Dichten, dem Vielen und Schnellen die Pausen. Eine große Erschöpfung ist zu spüren, ein überbordendes Yang. Alles ist zu viel, zu schnell und der Wunsch nach Reduzierung von Terminen und Herausforderungen taucht allerorten auf. Weniger, Ruhe, Innehalten …

Über leere Dorfstraßen schlendern, den Katzen in der Sonne zusehen, das alte Lied der Sehnsucht nach Mußezeit singen. Auf der Dorfstrasse gemächlich Richtung Morgen ziehen. Wege ans Herbstfeuer. Dem Wasser zuhören, das bei jedem Ruderschlag an die Planken schlägt. Seltsames mit dem Finger in die Luft kritzeln.

Die Schnitterin läutet das Ende von so manchem ein, wie vom Weiterwachsen und vom Sommer. Sie fragt, ob meine Sichel geschärft ist. Kann ich sie entschieden ansetzen? So wie die Schnitterin selbst, die klar und scharf schneidet.

Altweibersommer, der Sommer der alten weiber

Wenn der Sommer lang war, scheint es manchmal, als sei es „the birth of the endless summer". So steht es auf einem Collageschnipsel, das mir zufällt. Als Winterfrau macht mir das ein bisschen Angst. Der Sommer schmunzelt und erinnert mich an den Sommer des Lebens. Damals. „Weisst du noch, als ihr in der alten Stube der Tanten mit dem kleinen Punkt gespielt habt? Und dann so lachen musstet, weil der Ludwig ihn immer doppelt gesehen hat?"
Diesen kleinen roten Punkt, den habe ich seitdem immer dabei. Es ist mein Sommerpunkt. Er hat sich im Laufe der Jahre vermehrt, so, dass ich sogar welche verschenken kann. Er hat mich nicht daran gehindert, erwachsen zu werden, ganz im Gegenteil.

Er erinnert mich an das Geheimnis des Sommers, das mir zuflüstert, dass Sommerweisheit nie verloren geht, weil sie in uns ist. Wenn der Sommer in uns wohnt, wird die Erwachsene, die Königin, die Alte ihrem Sommermädchen heilige Zeiten schenken, in denen sie puren Sommer lebt.

Im Älterwerden denke ich mir oft „endlich wird der Sommer alt". Der alte Sommer hat eine ganz andere Qualität als der junge oder der reife. Im Altwerden sind die Sommergeschichten eingeatmet. Sie legen sich hinein in die Menschenwesen – das Wilde, die Fülle, die Körpergenüsse. Eine neue Weise kommt dazu gegen Ende des Sommers – viel mehr ist und wird gleichgültig. So ein „egal, scheiß drauf, na und." Die alten Weiber, sie haben das auch, wenn sie ihren Sommer gut gelebt haben. Es erlaubt sich eine mehr Freiheiten, Unverschämtes. Das Aussehen verliert an Bedeutung. Früher, in meinem jungen Sommer, wäre ich nie so in die Stadt gefahren wie ich es heute tue. Jetzt ist es mir noch nicht ganz, aber wesentlich mehr egal. Wilde Gewandkombis, mit Gummistiefeln und im Schlumpfgewand schnell zum Einkaufen, so aussehen wie die alten Bäuerinnen oder die Arbeiter, die verzottelten Haare zum Dutt hochgebunden. Sehr praktisch ist das. Und wenn ich als spinnert abgetan werde, dann halt. Ich tanze auch anders als früher, sage andere Dinge und folge anderen Spuren. Weil im Altweibersommmer das Gefallenmüssen verwelkt. Ich finde den Sommer jetzt noch schöner und schaue voller Lust auf die Frauen in ihrem Altweibersommer, wenn sie in eine ganz neue Freiheit hineintanzen. Lasst uns köstliche Altweibersommergeschichten leben und uns in wilden Landstrichen beheimaten.

Auf ein Wiedersehen!

Sommermomente liegen auf dem Tisch. Sie sind bereit für Säfte und eingekochte Köstlichkeiten, die im Winter wärmen. Eingelegte Sommerperlen wie Spielperlen, Tandelperlen, Wunderfizz- oder Sinnenfrohperlen. Bunte Sommerpunkte – ein Giggel-, ein Pfeifdrauf-, ein Schlendrianpünktchen. Wie gut, wenn wir um ganz viele gelebte Sommermomente wissen. Sie sind bestes, wärmendes Feuerholz für die langen Winternächte und für die schwierigen, eisigen Zeiten. Sie sind als wichtige Südmedizin da, wenn sie Raum bekommen, zu jeder Jahreszeit, in jedem Alter.
Gemeinsam lustwandeln, Faxen machen, Pferde stehlen, Kirschen essen, plantschen, schlurfen, matschen, weltentdecken, ganz neu auf diesem Planeten landen, Mausgejohle und Dreckspatzlachen, regennass als Spinnerratz in Pfützen hüpfen, schwarze Beerensäfte in den Herbst hinein trinken und um die weißen Blüten wissen. Sommerperlen werden im Erinnern wach und leben sich ins Jetzt. „Tu´s“, sagen sie, laut und deutlich, hell und lachend. Im Älterwerden sind unsere leuchtenden Sommermomente feine Nahrung. Wenn der Sommer in den alten Frauen aufsteht, dann kann die Post abgehen.

Ebenso können wir Herbstgoldmomente pflücken, wenn sie reif sind. Nicht immer sind sie das gleichermaßen. Sich ins Laub werfen oder Schlittenfahren, der Kirschblütentanz oder laue Sommernächte – reife Momente sind köstlich. Süß und saftig, duftend, erblüht. Sie sind wie geschaffen für einen Juchzer oder ein langes Hmmmm.

Der Sommer ist endlich

Wenn die Katzenmütter im alten Sommer anfangen, ihre Jungen wegzuschicken, könnten wir ganz viel von ihnen lernen. Sie lassen ihre Jungen immer häufiger allein, um Nahrung zu suchen. Die Katzenkinder finden das genauso bitter wie viele Menschenkinder. Ich war auch sehr empört, als meine Eltern entschieden haben, dass sie mich selbständig werden lassen, weil sie an mich glauben und auch daran, dass ich nicht verhungern werde und meinen Weg gehe.
Die Kätzlein sind gut vorbereitet worden. Das ist anders als bei uns. Und dennoch, wenn sie auf sich allein gestellt sind und selbständig jagen und überleben müssen, dann gibt es tausend Tricks und Versuche, es hinauszuzögern oder zu verhandeln. Was sie da alles versuchen. Die wilden Katzen in Spanien haben mir viel vorgelebt, wie das mit dem Erwachsenwerden, dem Reifen geht. Auch ihre Frage war, ob es nicht ewig Sommer bleiben könnte. Die klugen Katzenmütter sagen: „Nein, der Sommer ist endlich." Die ewigen Sommerkinder können in den ersten Frösten sterben. Und spätestens der Winter fragt ab, was im Sommer spielerisch gelernt worden ist oder eben nicht.
Wenn der Sommer alt wird und die Gedanken immer mal zum Herbst fliegen, ist sie wieder da, die Weisheit der Natur. Nur wer dem Ei entschlüpft, kann (er) wachsen (werden). Fürs Fliegen ist es zu eng im Ei. Und es braucht die freifliegenden, reifen Wesen für eine tragende Gemeinschaft. Die, die ihren Platz einnehmen, die einen großen Sommer in sich tragen, einen durchwanderten Herbst samt den Landkarten und die deshalb den starken Wintergeist verkörpern.

wenn der alte Sommer geht

September, Altweibersommer. Der Sommer ist alt. Wenn ich den alten Sommer tanze, weiß ich, dass es nicht mehr mein Lebensfeuer ist, dass ich schon länger am Schwarzmondfeuer sitze. Vielleicht spüren wir das Nicht-initiiert-sein im Alter hin zu den Ältesten nochmal schärfer als das Nicht-initiiert-worden-sein in unsere Medizin. Weil es auf den weissen und den roten Lebenswegen noch mehr Lehrende gab, sind wir in unsere Medizin hinein noch mehr geführt und begleitet worden. Im alten Nordland wird es stiller und es sind weniger unterwegs.
Je weiter wir auf dem Lebensrad gehen, umso dünner wird die Luft, wie in den hohen Bergen. Es gibt immer weniger, die im Norden des Lebensrades gut und wirklich initiiert angekommen sind, genauso wie es immer weniger feste Routen gibt. Die Landkarten mit den Routen hören irgendwann auf. Irgendwann sind es nur mehr Steige, diese kaum sichtbaren Wege ganz oben in den Bergen, die auch nirgends eingezeichnet sind. Dann geht es um Gehörtes, ums Ungefähre oder darum, selber die Tritte zu finden. So fühlt es sich oftmals an im Schwarzblumenreich, am alten Feuer, in einer Gesellschaft, die so wenig vom reifen Wintergeist versteht.
In den Bergen ist es ja wirklich so, je weiter man hinaufsteigt, desto weniger Leute begegnen dir. Die Luft wird dünner und die festen Wege verlieren sich. Oben sitzen, alleine, dem Wind zuhören, weit weg vom wuseligen Geschehen, in die Wolken schauen, ganz still dasitzen, lauschen. Und dann auch lachen mit den Gefährtinnen, die schon dorthin gewandert sind. Gegangene Wege ehren, ein Ja für das Unbekannte, das auf uns wartet. Vielleicht wird dort oben etwas frei und weit. Vielleicht ist es dafür nicht mal wirklich wichtig, ob wir geleitet und initiiert worden sind oder nicht. Dann ist es einfach pures Dasein, pures Lebendigsein. So wie in den Momenten oben in der Bergstille. Das große Abenteuer am alten Feuer gilt es zu erkunden. Wenn wir unsere wenigen Landkarten austauschen, dann werden wir kraftvoller, zuversichtlicher und sicherer unterwegs sein.

Herbstahnung

Mit den Ockerfarben und dem warmen Licht des jungen Herbstes fällt der Blick auf die herbstlich werdende Erde und zu den Wolken hinauf. Bald beginnen die großen Züge der Vögel. Den Zugvögeln zuwinken, das mache ich seit meiner Kindheit. Weil sie das Unterwegssein verkörpern, die Freiheit, das Gleiten durch die Lüfte. Das fand ich immer sehr aufregend, farbig und lebenswert. Als flögen sie in eine Zukunft hinein, die verheissungsvoll ist. So habe ich es mir ausgemalt. Und heute? Spüre ich, wie kostbar es ist, für die Freiheit zu fliegen. Für den Lebensmut zu gehen, in Gemeinschaft zu fliegen, damit sich alle immer wieder zurückfallen lassen können und immer wieder andere übernehmen. Die erfahrenen Alten sind gefragt, sie kennen die Routen, sie geben die Sicherheit. Aufbruch, Lust am Entdecken, am Erkunden von Welt und Wirklichkeit. Es wäre wichtig, weil es lebendig ist und das gesamte Feld so wenig freie Wege und freies Fliegen kennt. Aus der Vogelperspektive würden wir auch viel schneller erkennen, wenn die Wegweisungen unten auf keine guten Wege führen oder die Gesamtlage völlig falsch bewertet wird. Wir könnten es sehen von oben, im Flug. Wenn wir den Vögeln im jungen Herbst zusehen bei ihren schönen Gleitflügen, beim Trainieren und dann, wenn sie losfliegen, dann lasst uns ihnen zuwinken und etwas von ihrer Medizin ins Herz legen. Damit es mutig aufbricht, wenn es Zeit ist aufzubrechen und bereit ist, die Geschehnisse aus einer großen Freiheit heraus zu betrachten. Wahrscheinlich brauchen wir das im Schwarzmondland mehr denn je. Vertrauen wir den vielen Erfahrungen unseres Unterwegsseins.

Die Feuer

Herbst und Winter brauchen die starken Feuer, die alte Glut, die Innenkraft. Sie fehlen. Eine immer kälter werdende Welt zehrt. So viel von Lebens-Substantiellem hat kein Gewicht mehr, ist dünn geworden und fragil. So viel zu essen gibt es gar nicht wie es das mittlerweile bräuchte.
Das Feuerholz ist rar, vor allem das gute, das die richtige Wärme bringt und das lange brennt. Wir werden an den weniger werdenden Feuerstellen zusammenkommen müssen, uns wärmen und berühren, Geschichten teilen, Pläne schmieden, miteinander ehrlich sein im Weinen und im Feiern. Von dort aus können wir die kommenden Feuer vorauslieben. Es gilt, die tiefen Feuer zu hüten. Wie können wir die Innenfeuer anschüren? Wie sie entfachen und zum Lodern bringen? Im Tun wird es warm, im Lieben wird es heiss. Der Zorn hat auch Feuer. Es braucht Heimkehrfeuer, sonst gehen wir verloren.
Es braucht die Schwarzmondfeuer, an denen wir selbstzärtlich sind. Von wo aus unser Blick auf die Welt gütiger und schärfer wird. Wo wir in einem anderen Selbstverständnis präsent sind. Wo wir bereit sind, alles nochmal grundsätzlich neu zu gestalten. Es könnte verheissungsvoll und bedeutsam sein. Die Feuer mit der alten Glut, an denen weise Alte sitzen, wollen geehrt sein.

Was tief durchatmen lässt ist das Knistern eines gehüteten Herdfeuers an einem kalten Regentag. Und der Geruch von Tannenholz im Ofen, wenn der erste Schnee fällt. Oder wenn man Kiefernspäne entzündet und sich die Ruhe herschwingt.

Feuerwissen

Im Älterwerden kristallisiert sich heraus, was wir vermögen, was nicht oder was wir vermögen und es doch nicht unser Begehr ist. Das macht vieles leichter. Wir brauchen nicht alles können. Gut ist es, um die eigene Medizin zu wissen und im Eigensein zu leuchten. Manche von uns können wunderbar initiieren. Sie sind starke Rufende an die Feuer. Feuer zu entzünden ist eine Kunst. Diese Kunst zu ehren ist wichtig, weil wir dann die richtigen Leute darum bitten. Vielleicht haben die ein oder anderen die Gabe der Initialzündung, das Geschenk, allererste Impulse geben zu können, die Funkenfliegerinnen, deren Beitrag ein Hauch von Musenkuss ist. Das wäre noch vor dem Feuerentzünden. Und dann gibt es die, die das Feuer hüten können. Sie haben einen langen Atem und können für etwas gehen. Möglicherweise sind die anderen dann schon längst weitergezogen oder es hat eine Stabübergabe stattgefunden. Wenn alle das geben, was sie gut können, was ihnen leicht fällt und Freude macht, dann würden gute gemeinschaftliche Feuer brennen, die uns wärmen.

Dazwischen die Strohfeuer überprüfen. Wer Feuer mit einer tiefen Glut kennt, kann Strohfeuer schnell erspüren. Sie haben schon auch was, prickelnd können sie sein, abenteuerlich. Fürs Beheimaten und die Tiefe taugen sie nicht.

Einige sind Wandernde, die von Feuer zu Feuer ziehen und Geschichten sammeln und sie weitertragen, es sind die Netzewebenden, die Feuerverbindenden.

Die Sehnsucht nach Feuern mit einer alten Glut ist groß. Eine alte Glut ist heiss. Das vergessen wir manchmal. Sich an so ein Feuer zu setzen oder zu wissen, wie heiss das eigene Feuer ist, das ist die Weisheit der Feuer-Alten.

Ein Weisheitsfunke fliegt mich an

Weisheitsfunken entzünden immer wieder mein inneres Feuer und gleichzeitig finde ich sie herausfordernd. Sie lassen mich so einiges überprüfen – mein Leben, meine Welt, mein Unterwegssein darin. Das gehört zum Herbst – die Sortierstation, die Spreu vom Weizen trennen, mit den Schatten tanzen, nach innen schauen, den Dingen auf den Grund gehen und tief schauen. Die Herbstalte klopft vieles ab auf Wesentliches, auf Stimmigkeiten, auf das, um was es wirklich geht. Herbst ist keine Zeit zum Tändeln. Der Herbst und die Alte rufen nach tiefer Innenschau, nach ehrlichem Hinschauen.
Sie sagt: „Wenn Du Dir eine bessere Welt wünschst, mögest Du vorleben, was Du darunter verstehst." Schon mal die Frage, was ich darunter verstehe. Sie impliziert ja, dass es etwas ganz anderes sein könnte als das, was meine Nachbarn, meine Freundinnen, der Gemeinderat und alle anderen darunter verstehen. Welche Qualitäten würde ich leben? Sie benennen geht ja noch, sie vorleben ist ziemlich anspruchsvoll. Es wäre die Kür und das Überzeugendste, das ich bieten könnte. Weisheitsfunken sind wie Samen, ich vertraue darauf, dass sie einen guten Boden in mir finden und irgendwann aufgehen und herausspitzen, egal wie lange der Winter gedauert hat. „Ja", sagt die Alte,„jetzt im Herbst geht es viel um Samen und um ihre Träume während des Winters. Das ist wesentlich."

Es ist so wesentlich wie das miteinander am Feuer sitzen und teilen, was wir sehen, denken und erahnen und was für eine Welt wir uns wünschen. Es ist kostbar mit Menschen, die wir schätzen und die uns herzensnah sind. Und wenn wir in demselben Geist und derselben Offenheit mit denen zusammensitzen, die uns fremd sind, dann kann es ein großes Friedens- und Wandelfeuer werden. Je älter und weiser die Feuer werden, umso offener werden sie. Offen, um Wege und Ängste und Hoffnungen zu teilen und zu verstehen. Das alte Feuer kennt dieses Auflösen von bisher Gültigem, von starren Grenzen, von Weiß und Schwarz. Auch die Beziehung zu Gegenständen wie zu vielem anderen löst sich auf am alten Feuer. Oft überraschend leicht, weil genau das der Geist des weisen alten Feuers ist. Unwesentliches, Durchlebtes, rund getanzte Geschichten und sogar offene Geschichten – sie einfach gehen lassen. Wenn auf einmal nichts mehr daran hängt oder nicht mehr stark. Ob es im Idealfall am Ende auch einmal so sein könnte mit dem Körper und diesem Leben? Wenn die Endlichkeit eines Lebensweges immer öfter herweht, dann hat es auch etwas Weites und Freies, weil es Wesentliches beleuchtet und das ist erfüllend.

Wenn die Rabenvögel kommen

Sie bringen Magie und Zauber und viele Geschichten. Eine ist die einer Dohle in den Bergen, die den Hirnraum weitet. Sie fordert mich auf zu fliegen, weit, Höhenflüge zu machen und in eine große Freiheit hineinzufliegen. Das ist heilsam, gerade wenn ich mich wieder so richtig aufrege und tausend Ungeheuerlichkeiten sehe. Ich finde meine Empörung ja berechtigt, die Dohlen scheinen zu lächeln. Sie bleiben dabei – gedanklich weit und kühn und frei werden. Das ist der Geist der Weisen Alten. Im Fliegen kommt eine gute Distanz zu all dem Geschehen. Wenn die Stürme zu rauh werden, fliegen die Dohlen ins Tal obwohl sie Flugkünstlerinnen sind. Wie weise es ist, den Moment zu spüren, wann es Rückzug braucht, wann eine gute Distanz, wann die eigenen Grenzen erreicht sind und dem zu folgen. Es gibt Zeiten, da tauchen gehäuft Rabenvögel auf. Sie sagen: „Jetzt ist eine gute Selbsteinschätzung gefragt, ein gutes Achten auf die eigenen Kräfte und Schätze. Achte auf die Winde, sei wach und entspannt unterwegs." Wenn wir auf die Rabenvögel und die weisen Alten achten, legen sich ihre Botschaften und Geschenke in uns hinein. Sie werden in uns erblühen und duften. Leuchtende Blumen in ihrer ganzen Schönheit.

Letzte Grüße aus dem Sommer. Sommer flüstert uns in die untergehende Sonne hinein sein Geheimnis zu: „Du hast mich immer dabei. Feigensüß, im warmen Wind, im Sonnengold. Ich bleibe Dir erhalten. Anders vielleicht als damals in jungen Jahren. Im Mantel des Lebens ist alles eingewebt. Im Buch des Lebens ist es gesammelt. Im Lebenskoffer sind all die Sommerkräuter und der Duft der langen Nächte. Gelebt ist gelebt ist gelebt."

Herbsttagundnachtgleiche – Der Erntetisch

Die Herbstzeit, in der Tag und Nacht noch fast gleich lang sind. Die Nächte werden langsam länger. Licht und Dunkelheit befühlen. Das Leben kosten, den Sommer des Lebens einverleibt, Kirschkerne gespuckt und so neue Bäume gepflanzt. Das Schwarzmondfeuer wird neu und erfüllt sein, wenn das rote Feuer intensiv und zur richtigen Zeit ausgelebt worden ist, gut gerundet und verwirklicht. Das Miteinander von Leben und Tod. Mutter Leben und die heilige Tödin, die zusammen am Erntetisch sitzen. Lebensgeschenke, so köstlich wie Kirschen und die Zeiten des Verabschiedens – sie alle liegen auf dem reichen Erntetisch des Jahres. Auf Lebenswegerkundungen durchs Dorf gezogen, Schnitterin gefeiert, den Sommer gekostet und auf einmal ist alles ganz nah beieinander, das Lachen und die Ernsthaftigkeit, das innere Lachen und es lachend ernst meinen. Närrin und Tödin, die miteinander tanzen.
Sie geben die Flügel, die Weite und manchmal sogar eine geheimnisvolle Leichtigkeit für Übergänge.

So viele Jahrzehnte lassen uns auf einen reichen Erntetisch schauen. Die Schatzkammern sind voller Erfahrungen. Wenn wir all unsere Erfahrungen als Erfahrungsschätze sehen können, sehen wir auf eine reiche innere Ernte. Wir können sie sortieren, auslesen, bestaunen, feiern, betrauern. Voller Mitgefühl für uns, milde und sanft, vergebend und uns wertschätzend.
Wie sähe der Altar des Alters aus, unseres Altseins? Wie groß ist er, wo steht er, wie ist er gestaltet – der Altar der Alten, die ich bin? Der Altar wäre eine Art Erntetisch. Groß und prächtig könnte er sein, ein Ort, auf dem wir sichtbar unser gelebtes Leben würdigen. Nehmen wir uns darin ernst.

Auf dem Erntetisch des Lebens liegen viele Abschiede und viel Neubeginn, liegt Werden und Vergehen. Es gibt keinen Lebenserntetisch, auf dem es nicht so wäre. Je älter wir werden, umso mehr gibt es von allem. Die Alten und die Tödin gehören zusammen, denn im matriarchalen Verstehen ist alles ein Werdendes, weniger ein Seiendes. Leben im ständigen Übergang von Momenten und Formen in andere. So wie die Junge zur Roten und schließlich zur Alten wird, um im Frühling wieder als Junge zu erwachen. Die Alte als Mutter Tod. Die Mutter, die das Leben schenkt, das durch den Tod beendet wird. Leben, das aus dem weisen Blut geformt ist und von der Todesmutter wieder eingeatmet wird. Wir kommen aus dem dunklen Schoß, wir kehren dorthin zurück, werden zu neuem Leben erweckt. Die Tödin zwingt alle ausnahmslos, durch diesen Wandelprozess zu gehen. Und die alte Frau ist wie ein Spiegel von Mutter Tod. Nehmen wir es an.

Freudensammeln

Beim Abwandern unserer Lebenswege ist der Blick auf die vielen kleinen und großen Freuden ein Geschenk, das wir uns machen können. Es gibt ein japanisches Wort samt des weisen Wissens dazu: *IKIGAI*. Es erzählt vom Leben und vom Sinn. Nach einem langen Leben werden wir sicher fündig. Ich mache mich auf die Suche nach dem, was mein *Ikigai* ist.

Was finde ich, wenn ich das Gold meiner Tage hebe? Ein *Ikigai* ist, wenn mich jemand anlächelt und die Augen blitzen, so nebenbei an der Kasse. Die erfrischende Morgenkühle, die Tasse Tee, meine Beschäftigung mit Schnee. Ich sammle all die Quellen von Lebensfreude. Sie haben Namen. Wie die Schnurrkatzenquelle, die windwilde Herbstlaubtanzquelle, die kreative Verrücktheitsquelle oder die Spinnstubenquelle, an der es immer einen besonderen Kaffee gibt.

Für was stehe ich morgens gerne auf? Wo jubelt mein Herz? Wie war das früher, als Kind, als Jugendliche, als reife Frau? Was habe ich kultiviert, was ist ein immer stärkeres *Ikigai* geworden? Vielleicht ist es im Geheimen gewachsen. Einfach weil ich es immer wieder beachtet habe, geschätzt, gekostet? Dann ist die Kraft aus der Wiederholung gewachsen. Mein Tierfreuden-*Ikigai* ist zum Beispiel wie ein riesiger Baum, der saftige Früchte trägt.

Weil es so einfach, so naheliegend, so nebenbei sein kann, lässt es uns an die flüchtigen Freuden glauben und spüren, wie stark sie sein können, wie der Gesang der Vögel, die Obstsüße, die Blüten im Frühling, ein Tanz. In diesen Momenten gibt es keine Selfies, keine Aufzeichnungen, kein Vergleichen. Es hat einen frischen Geist, es sind manchmal Moment-Ekstasen und manchmal ist es eine zeitlose Versunkenheit. Mir meiner *Ikigai*-Schätze bewusst sein ist beruhigend. Dann singe ich für mich oder schreibe etwas, das niemand liest. Dann tue ich Verschiedenes einfach um ihrer Selbst willen. Viel *Ikigai* fördert meine Widerstandskraft, genauso wie Hollersaft und Sanddornmarmelade und noch so manches. Und die brauche ich. Auf einem alten Erntetisch liegt viel Gold, viele Freudenmomente, viel *Ikigai*.

Vom Leben und Sterben

Im Älterwerden wird dieses große Lebensthema wichtiger.
Die Tödin kommt näher, sie wird sichtbarer, sie berührt uns öfter.
Zu Schnitterin, dem keltischen Mondfest im August, wenn wir den Kelch mit dem Wein des Lebens in Händen halten, erahnen wir vielleicht schon, dass es der Kessel von Cerridwen ist. Die Weisen Frauen wussten, dass Geburt und Tod eins sind, dass wir durch dasselbe Tor ins Leben und wieder heraus gehen. Je nachdem von welcher Seite wir uns der Großen Schwelle nähern. Auf der jeweils anderen Seite wartet Veränderung und Erneuerung auf uns. Es ist der ewige Kreislauf von Geburt, Leben, Tod und Wiedergeburt.
Wenn wir auf dem Lebensrad, dem Rad der Geburt, des Wachstums, des Todes und der Wiedergeburt vollständig und freudig leben, dann wird es ein leuchtender, weiser Tanz von Leben und Tod sein.

Natur, die große Lehrerin und Heilerin lebt uns ständig vor, dass es in jeder natürlichen Umgebung ständig zum Tod kommt. Die Erde wandelt all die Körper von Pflanzen, Tieren, Menschwesen, von Mineralien und Steinen. Wir alle werden auf die grundlegendsten Elemente reduziert. Und die gewandelte Form ernährt die Lebenden, gibt Wurzelnnahrung, erhält das Leben. Es sind die Verfallsprozesse, welche die Fruchtbarkeit des Bodens erhalten, Kompost, der sich in beste Erde, Humus, verwandelt. Alles Wachstum entsteht aus dem Wandel, wozu der Tod gehört. Dieser Zyklus von Geburt, Wachstum, Tod, Verfall und Regeneration ist der grundlegende lebenserhaltende Prozess auf diesem Planeten.

Weise Gemeinschaften, die mit der Natur gelebt haben und leben, kennen diese Prozesse. In so einer Gemeinschaft sind sie heilig. Dort beobachten wir die Natur, wissen uns als Teil davon und verstehen den Tod als einen natürlichen Teil des Lebenszyklus – Laub, das von den Bäumen fällt, die länger werdenden Nächte, das Ende des Sommers, das Sterben der Lachse auf ihrem letzten Weg. Unseren eigenen Tod anzunehmen ist ungleich schwieriger, ebenso wie den unserer Liebsten oder unserer Tiere.

Im Älterwerden wird uns unser eigenes Ende in dieser Inkarnation bewusster. Wenn wir bereit sind, die Tödin in unserem Leben willkommen zu heissen, sind wir verbunden mit der Weisheit der Natur und des Lebens und so werden wir gute Wege für die Wandelprozesse finden.

Wenn wir hinausgehen in die Natur, den Jahreszeiten folgen, werden wir uns immer tiefer beheimaten im Lebensrad. Es erzählt vielfältigst von Geburt, Leben, Sterben, Wiedergeburt. Sie gehören zusammen, das Vergehen und die Fruchtbarkeit. Eines entsteht aus dem anderen. Im besten Fall sind wir als spirituelle Wesen tief in der Erde verwurzelt und können die natürlichen Zyklen von Geburt und Tod umarmen und ehren. Unsere Gesellschaft wird es uns nicht vorleben.

Tod wird aus dem Alltag ausgeblendet, die Tödin soll überlistet werden. Das Patriarchat hat sowohl die Liebe zum Leben, als auch das Verstehen von der Verbindung von Leben und Tod verloren. Als würden sich Tod und Leben ausschließen. Umso wichtiger ist es, uns wieder zu beheimaten in den natürlichen Zyklen, im Werden und Vergehen. Formen lösen sich auf, gehen in andere über. Das ist das Natürlichste auf dieser Welt.

Die Todesgöttinnen erhellen viel von der Weisheit des großen Tanzes von Leben und Tod. In matriarchalen Kulturen wird das Alter geehrt, die Lebenserfahrung, der Tod im Leben und das Wissen um Wiedergeburt. Es gibt ein zyklisches Tiefenverständnis. Patriarchale Verwüstungen, Kriege, Zerstörung von Leben und Lebensraum, das spricht eine ganz andere Sprache. So sehr Tod tabuisiert ist im Patriarchat, so massiv und vernichtend passiert er überall. Tod in der heiligen Form geht zurück in den Zyklus.

Uns in das Weisheitsfeld der Todesgöttinnen hineinzubegeben, lässt uns wieder heiler werden, natürlicher, lebensdienlicher unterwegs sein und einen anderen inneren Frieden finden. Es ist das Wissen, dass in der natürlichen beseelten Welt ein ständiger Austausch stattfindet, aus dem heraus alles entsteht, Tiere, Bäume, Menschenträume. Geboren, sich auflösend, sich vermischend und neu formend. Form löst sich auf, immer, formt sich neu. Manche sagen, Natur kennt keinen Tod, nur ein Übergehen in einen anderen Zustand, eine andere Form.
In einem Buch einer Weisen Frau habe ich dazu ein wunderbares Gedicht von Taliesin, einem walisischen Barden gefunden:
„Ich war ein Tropfen in der Luft, ich war ein leuchtender Stern, ich war ein Wort, ich war ein Licht, ich war ein Adlerweibchen, ich war ein Baum im Dickicht, ich war eine Königin, ich war eine Kröte, ich war eine gefleckte Schlange, ich war das Band an eines Kindes Wickeltuch ...“

Auf den Wegen zu den Todesgöttinnen finden sich viele Erfahrungen mit Tod, die wir alle schon gemacht haben. Sei es auf schamanischen Reisen in einer Zerstückelung, bei Visionssuchen, den mächtigen Sterberitualen, in Träumen und auf Unterweltsreisen. Immer schon haben sich Menschen auf die Reise in andere Ebenen gemacht, um mehr zu erfahren über Leben und Sterben und den Bereichen dahinter. So haben sie Weisheit erlangt. So ist das Leben vertieft und geheiligt worden, gespeist aus dem Wunsch, unser Hiersein zu durchdringen und zu wachsen. Todeserfahrungen helfen uns, den Tod ins Leben aufzunehmen. So wie Inanna, die frei und willig in die Unterwelt zu ihrer dunklen Schwester Ereschkigal geht. So wie die Schamaninnen, die Medizinleute, die durch ihre Unterweltsreise ihre Gaben heben. Im Schattenreich, in der Unterwelt warten die dunklen Göttinnen auf uns, um uns zu erneuern, um uns in die Mysterien von Leben und Tod zu initiieren. Dort hüten die Drachinnen die Schätze. Wenn eine ihr Gold heben will, wird sie mutigen Herzens dorthin gehen. Bereit für den Wandel, die einzige Gewissheit, die wir haben, die, dass sich alles immerzu wandelt.

Wer sind sie, die dunklen Göttinnen, die Hüterinnen der Totenstätten, die Todgewährerinnen, Schwellenhüterinnen und Seelenführerinnen? Die, welche die Totenklage kennen und die Türen öffnen hin zur nächsten Welt. Ihre Namen sind Hel, Nehalennia, Herecura, Baba Yaga, Holle, Percht, Morana, Hekate, Long

Meg, Morrigu, Yabme Akka, Lara, Ama, Semik, Banshee und andere. Auf der Spurensuche kommen wir auf viele Wege, die unser Sein erhellen und uralte Erinnerungen wachrufen. Die Percht beispielsweise, eine Übergangsgöttin, von der noch die Rede sein wird, begleitet und schützt uns im Hinübergehen und auf der anderen Seite. Oder Hekate, die dem entschieden ein Ende setzen kann, was sich überlebt hat. Dürfen wir eigentlich noch sterben? Dann, wenn es unsere Zeit ist, wenn wir es entscheiden und frei und willig wählen? Oft wird das Leben ausgesperrt, um nicht sterben zu müssen. Wie anders ist es da, wenn wir nach einem wirklich gelebten Leben entscheiden, dass unsere Zeit gekommen ist, um uns aus diesem Leben zu verabschieden.

In unserem weisen Dorf gäbe es die Todbringerinnen. Einstmals war es legitim und normal, unser Leben zu beenden, ob mit Hilfe einer weisen alten Frau, einer Heilkundigen, der Todbringerin oder durch uns selbst. Die körperliche Verfassung war dabei nicht maßgebend. Vielleicht war es die Entscheidung dafür, weil alles getan war, weil es rundgetanzt war, vollendet, weil eine nicht den schweren Körperweg gehen wollte. Es waren ihre Gründe und sie wurden respektiert. Mit Freundinnen habe ich mich auf die Spurensuche nach dem Wissen der Todbringerinnen gemacht. Wer waren sie, was wussten sie, wie ist es gegangen? Einfach ist anders und ob auf schamanischen Reisen oder im Darknet, so wirklich sind die Zugänge nicht offen. Die Sterbeammen halten sich bedeckt.
Eine der Todesgöttinnen, Herecura, schenkt uns mit ihren Äpfeln das Pentagramm. Wenn wir einen Apfel quer aufschneiden, liegt das Pentagramm vor uns, die Leben-Tod-Verbindung. Herecura ist eine liebevolle Dunkle Mutter, die für die Freiheit einsteht, wann und wie wir gehen. Vielleicht ist ihre Weise einmal gefragt, wenn wir andere bewusst gehen lassen und sie freigeben.
Erinnern wir uns wieder an unser weises indigenes Wissen von Leben und Sterben. Es könnte alles verändern und eine wichtige Medizin für den Wandel sein.

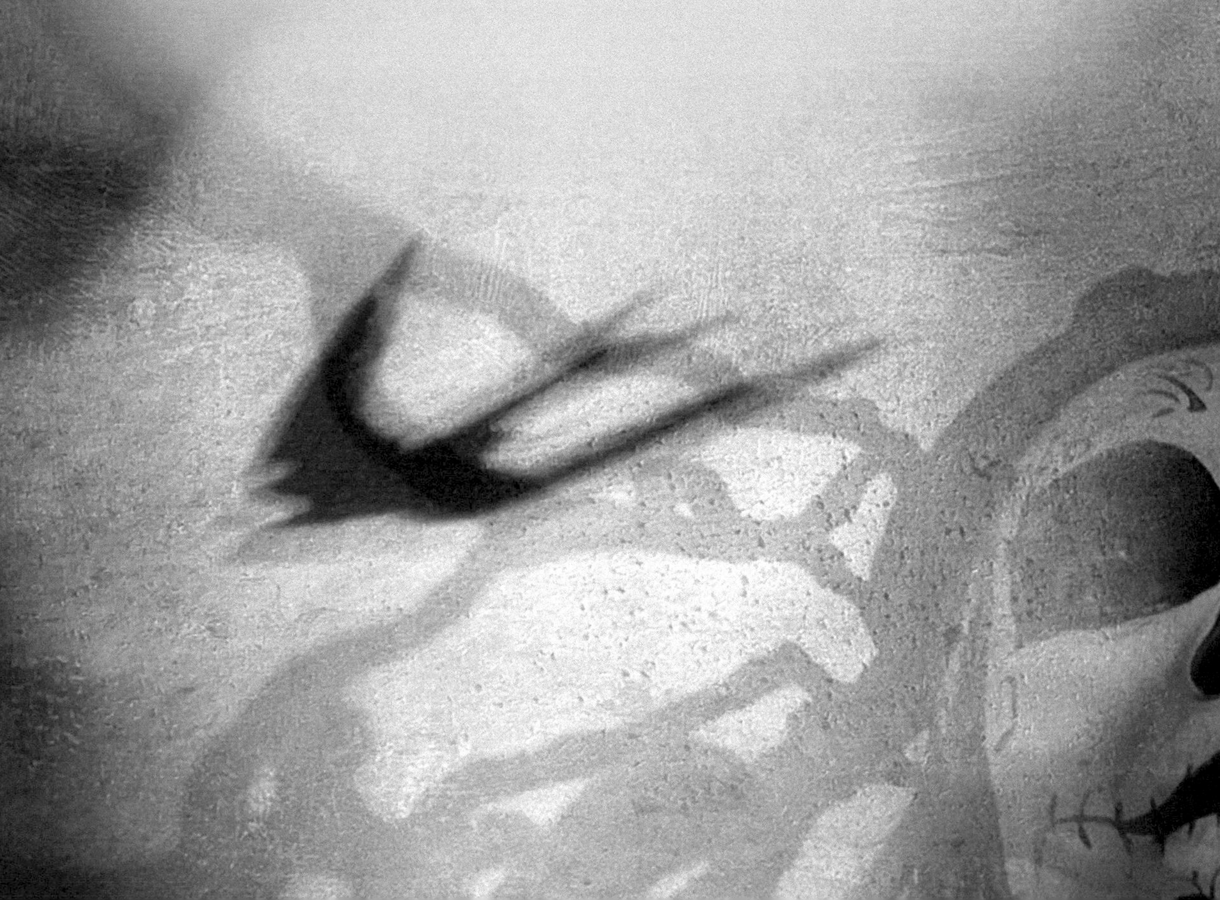

La Santa Muerte

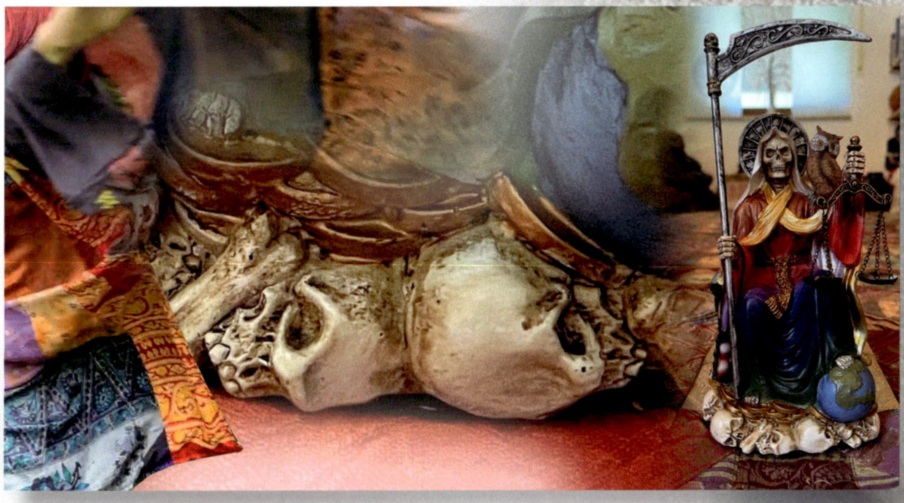

Sie hat gerufen, die Heilige Tödin, die Sensenfrau. Santa Muerte ist die Todesheilige Mexikos. Sie ist weiblich, wird in lebendigen Riten verehrt und ist im Alltag zu finden. Das ist alt und es ist Zeit geworden, die Tödin sichtbar in meinem Lebensraum zu haben und im lebendigen Kontakt mit ihr zu sein.
Santa Muerte hat ihre Wurzeln wahrscheinlich im Aztekischen. Da gibt es Mictlancihuatl, die Herrin des Todes. Sie war die Hüterin der Totenfeste und der Knochen. Es gibt wunderbare Figuren der Santa Muerte, ein weibliches Skelett mit ihren Insignien – Sense, Waage, Eule, Totenkopfketten wie die von Kali, Krone und Weltkugel. Es gibt sie in verschiedenenfarbigen Roben, je nachdem für was man sie rufen möchte.
Santa Muerte ist eine tolerante Göttin, sie heisst alle gleichermaßen willkommen. Das ist natürlich eine starke Konkurrenz zur katholischen Kirche, die da ganz anders unterwegs ist. Nicht umsonst ist sie der Kirche ein Dorn im Auge. Was glücklicherweise nichts nutzt, ihre Beliebtheit nimmt stetig zu.
Überall gibt es reich geschmückte Schreine mit allerlei Opfergaben. Sie sind an verlotterten Orten zu finden, in finsteren Ecken von Parkhäusern oder öffentlichen Toiletten. Sie ist keine, die Prunk und Tempel braucht. Ihre Orte sind im alltäglichen Leben, denn sie ist Teil des Lebens. Da ist eine starke Verbindung zur Närrin, die auch keine Prachtplätze hat, die überall zu Hause ist, von der Müllkippe bis zum Regierungspalast, ohne an etwas zu hängen.
Mexikos Totenkult ist bunt, lebendig, ein feierndes Miteinander von Toten und Lebenden. Um die Zeit der *Días de Muertos*, unseres Ahnenfestes, *Samhain*, gibt es überall Skelette aus Pappmaché oder Zucker. Es ist die Zeit, wenn die Toten zu Besuch kommen, um mit den Lebenden zu feiern. Tanz und gutes Essen, Musik und Ausgelassenheit sind ein wichtiger Teil davon.

Die mit Blumen geschmückten Straßen sind voll von Symbolen des Todes und der Vergänglichkeit. Die Menschen sind prachtvoll und bunt gekleidet und als Skelette bemalt. Beliebte Speisen sind Skelette, Schädel, Knochen in Neonfarben und aus Zuckerguss. Dann gibt es *El Pan de Muerto*, das süße Brot der Toten. Die *Ofrendas*, die Totenaltäre sind wundervoll und reich gedeckt. Es leuchtet orangegelb von den tausenden von *Cempasúchil*, oder auch *Flor de Muertos*, den Blumen der Toten oder *Blumen der vierhundert Blüten*, den Herbsttagetes. Es sind ja auch unsere Grabblumen. Sie gelten als Lieblingsblumen der aztekischen Göttin Xochiquetzal, einer Göttin der Erde und Wächterin der Gräber. Sie weisen den Toten den Weg und empfangen sie ehrenvoll.

Es wird miteinander gefeiert, gegessen, getanzt und musiziert. Eine wichtige Rolle zum Ahnenfest spielen die Monarchfalter. Sie sind leuchtend orange und schwarz. Die berühmten Wanderfalter legen bei Wanderungen im Herbst bis zu 3600 Kilometer zurück. Sie kommen zu hunderttausenden und ihre Ankunft in Mexiko fällt mit dem *Día de Muertos*, dem Tag der Toten, zusammen. Es ist die Rückkehr all der Seelen der Verstorbenen. Auch in Irland wird zu dem Totenfest am ersten November am *Hill of Tara*, einem alten bedeutenden Hügelgrab, gefeiert. Aus allen Richtungen des Landes kommen KünstlerInnen, Handwerksleute, BardInnen zusammen, um ihre Gaben darzubieten, um zu feiern, die Lebenden und die Toten zu unterhalten und die hilfreichen Ahnen um Segen und Schutz zu bitten.

Das Weibliche gebiert und schenkt Leben. In diesem Geschenk wird die Endlichkeit mitgeboren, der Keim des Sterbens. In Bildern der Mutter- und Todesgöttinnen zeigt sich uns das alte Naturgesetz. Bei den Nornen, den Parzen und Moiren durchschneidet eine den Lebensfaden. Die Göttin nimmt die hinübergehende Seele in sich auf, wie die Dakini, die den letzten Atemzug mit ihrem Friedenskuss aufnimmt. So gehen wir zurück in den dunklen Schoß, wir „gehen nach Westen", wie die Inuit sagen, in den Sonnenuntergang.

Das Verhältnis einer Kultur zu Alter und Tod erzählt so viel von der Einstellung einer Gemeinschaft zum Leben. Tod ist allgegenwärtig und ein Teil des Lebens, ob wir es anerkennen oder nicht. Es braucht eine wirkliche Trauerkultur, um Leben zu verstehen. Die Weise Alte weiß darum, sie ist nah an der Großen Schwelle, sie kann auch Fährfrau sein. Kollektiv verabschieden wir gerade unsere bisherige Welt. Übergänge, Loslassen, all die vielfältigen Abschiede. Das will gehalten und verstanden sein. Die Fährfrauen sind gefragt als Geburtshelferinnen in etwas Neues hinein. Es braucht die Weise Alte, die Närrin, all diejenigen, die keine Angst vor dem Tod haben, mit ihrer Hebammenweisheit an der großen Schwelle fürs Hinübergehen. Weil es so lebendig und anders sein kann als bei uns, wo das Feiern fehlt, haben wir uns langsam hineingetastet ins Feld der Tödin, die uns dazu auffordert, den Tod nicht als Ende, sondern als Anfang neuen Lebens zu sehen, als Übergangsphase zu einer anderer Daseinsform. Und so haben wir angefangen uns als Skelettfrauen zu bemalen, mit den Ahnen zusammen zu sein und ein Fest zu machen, an dem die heilige Mutter Leben und die heilige Tödin miteinander in gleicher Wertigkeit geehrt und gefeiert werden.

Ahnenfest, Samhain, Knochentanz

Am Sonnwendtor ist die Tödin für einen Moment sichtbar, wenn auch nur im Augenwinkel. Deshalb spüren manche am höchsten Sommerpunkt eine Wehmut in den Winden. Zur Schnitterin nimmt sie ihre Sichel, das fallende Korn wird unser Brot, Nahrung für die kommende Zeit. Und wenn die Nächte länger werden, zum Ahnenfest, ist sie mitten unter uns. Natürlich ist sie schon mit dem ersten Frühlingserwachen da, mit dem ersten Atemzug ins Leben hinein, als Lebensbegleiterin. Marillen, Kirschen und JohanniRot, der Sommer ist breit und satt.

Vielleicht wird aus dem Kern einmal ein Kirschbäumchen. Dort neben dem alten Haus, das längst nicht mehr bewohnt ist. Im Frühling fallen dann weiße Blüten auf kleine Katzen. Herbstliche Sortierstation, die Spreu vom Weizen trennen, auslichten und das sterben lassen, wofür es Zeit ist. Alles abstreifen, Haut und Haare und Nägel. Das letzte, das bleibt, wenn alles andere verflogen ist, sind die Knochen. Sie liegen auf der Erde, den Steinen ähnlich. Wind streift darüber. Stein und Bein. Erdknochen, Menschenknochen. Als Knochenfrau tanzen, denn vom Frühling bis zum Herbst ist es nur ein Flügelschlag.

Die orangenen Schmetterlinge, die „Wandernden" kommen, die Seelenfalter, um mit uns zu feiern. Seid gegrüßt ihr alle von der anderen Seite der großen Schwelle. Wir verspeisen, was ihr gerne mochtet und wir tanzen mit euch und singen Lieder, schwingende Verbindungsfäden. Weinen und lachen, feiern und vermissen, uns freuen und sehnen – manchmal uns hinüber zu euch. Seid willkommen, ihr aus nah und fern.

Zum Glück schauen meine Ahnen nicht so genau nach Mexiko, denn da würden sie ganz unglaubliche Dinge auf den Altären sehen. Rosen und Zigarren, Lutscher, Schoki, Tequila, das süße Brot der Toten, alles mit bunten Knochen verziert und ein paar Tropfen aus Teig für die Tränen, all ihre Lieblingsgerichte, Wasser und Salz, Früchte und den ganzen Süßkram. Sie fänden die neonfarbenen Zuckerschädel sicher speziell. Vielleicht würden sie es meiner Kreativität zuschreiben, was natürlich nicht der Fall wäre. Und nicht nur das, Lichter und Weihrauch, Räucherkerzen, Blütenmeere und die ganzen Fotos und Erinnerungsstücke. Ich sage ihnen: „Schaut, wir haben einen übersichtlichen Altar, ich tue mein Bestes und den Rest, den imaginiert ihr, weil ihr das könnt." Ich weiß natürlich, dass es eine weite Reise ist aus dem Ahnenfeld zu mir und sie sicher einen Riesenhunger haben. Deshalb gibt es Wasser für den Durst, zu späterer Stunde dann auch Schnaps und was Gutes zu essen. So wie ich sie kenne, legen sie eh mehr Wert auf das Beisammensein und Feiern, auf unsere Lieder und den Tanz und die Geschichten vom Jahr samt den Erinnerungen an unsere gemeinsamen Zeiten. Wir beten auch gerne zusammen und ehren uns. Das sind dann die Lobpreisungslieder, die wir in Gstanzlform vortragen.

Wenn ich einmal ins Ahnenfeld hinübergegangen bin und ein Lied zu Samhain herüberklingt zu mir, dann komme ich freudig, breite meine orangenen Flügel aus, feiere, tanze, singe „Viva la Vida“ und weiß um so vieles – ums Leben, um Sonnenaufgänge, um Frühling, um Blütenregen und Neuanfang, ums Loslassen und Weiterziehen. Ich halte Ausschau nach der Tödin und finde sie überall in der Natur. Vom ersten Frühlingshauch bis zur Herbstweisheit, die ihren Duft verströmt. In den Straßen der Alltagswelt vermisse ich sie allerdings. Sie könnte doch hörbar sein im Namen von Straßen oder Plätzen, wie der *Gepflasterten Knochenstraße* oder dem *Park der Toten*. Sie könnte in Alltagssituationen zu sehen und zu hören sein, in Schaufenstern, in Kuchenformen oder in Brotnamen. Ein bisschen ist sie hineingewandert in das schwäbische Seelengebäck. So eine Seele ist knusprig und fein und wenn Du zum ersten Mal eine Seele kaufst, mag das befremdlich sein. Mittlerweile gibt es schon Geister aus Baiser. Vielleicht sitze ich in einigen Jahren zusammen mit meinen Ahnen und wir verspeisen neonfarbene Knochen.

Das passt gar nicht schlecht, weil Tödin und Närrin eh gerne zusammen am Feuer sitzen. Die knöcherne Struktur auf die Haut malen, Skelettfrau werden. Bis auf die Knochen gehen, in die Knochenweisheit hinein.

Das Leben feiern, um die Endlichkeit wissen und die untrennbare Einheit von heiliger Mutter Leben und Mama Santa Muerte tanzen. Eine kleine orangene Laterne hängt an der Haustüre, damit mich die Ahnen leicht finden. Das Orange-Gelb würden die Verstorbenen am besten sehen, sagt man. Meine Ahnen diskutieren noch, es gefällt ihnen zwar sehr, aber sie finden auch hellgrün und lila ziemlich attraktiv. Ich bleibe bei Orange, schon deshalb, weil die gelbe Tagetes bis in den Herbst hinein blüht. Die *Blume der Toten* leuchtet so schön.

Eine Santa Muerte-Figur steht auch bei mir. Sie ist regenbogenfarben, was praktisch ist, denn damit deckt sie alle Bereiche ab, vom Glück, dem Schutz, der Liebe und allem anderen. Ich mag sie sehr, weil sie eine ziemlich Tolerante ist, sie stellt keine Forderungen und alle dürfen sein, wie sie sind. Von der Mörderin bis zur Heiligen sind alle willkommen. Das ist doch mal eine Steilvorlage. Sie ist die Sensenfrau, die alte Todesgöttin, begleitet von der Eule. Sie steht auf der Weltkugel, Symbol für ihre Allgegenwärtigkeit und ist geschmückt mit einem Totenkopfgürtel. Nur eine Haaresbreite entfernt ist sie, immer.

In die Weite des Ahnenfeldes hineinhorchen, hineinschwingen – von den dynastischen Ahnen zu den Naturahnen, den mythischen, den Ahnen der Träume und denen der praktischen Ideen. Ahnendecke und Ahnentopf werden geputzt und herausgeholt, der Ahnenaltar neu bestückt. Ich höre die Isar, meinen Ahnenfluss und erinnere die Geschichten vom Lankesberg. Buche und Wölfin sind da und Oma Wetterwachs, die Tara und die Erfinderin von der Spätzlereibe. Ein bisschen weinselig ist es, weil es Weinahnen gibt. Selig allein ist schon gut.

Ich gebe dem Kirschbaum meine Stimme in einem Lied. Lieder aus meiner Kindheit erinnern, manche urgroßelternalt. Auf einmal klingen sie her, wie das seltsame Lied der Taiga, das meine Mutter gesungen hat. Dann das Pippi Langstrumpf-Lied, das ich mit meinem Vater verbinde und mit vielen freudigen Ereignissen. Es kommen unterschiedlichste Lieder, welche, die ich von zwei Freundinnen habe, die im Ahnenfeld sind und ich höre von drüben auch eine Bardinfreundin und die Klänge ihrer Gitarre. Ich glaube, es gefällt ihnen, wenn ich singe.

Die Töne gehen so leicht hinüber. Ihre Namen singen, am sich drehenden Mühlenrad eine Kerze entzünden, dem Rad des Lebens zuschauen, zu einer Quelle, dem „Ursprung" gehen und ins Zwielicht hinein besondere Geschichten herholen, die ich mit meinen Ahnen erlebt habe.
Überall zwischen den Bäumen sind die Lichter und die Skelettfrauen. Sie murmeln wie der perlende Bach, sie tanzen und raunen mit den Geistern. Knochenhände streichen über Farne und befühlen das verwelkte Laub. Alte Herbstweisen schwingen sich in die Körper hinein.

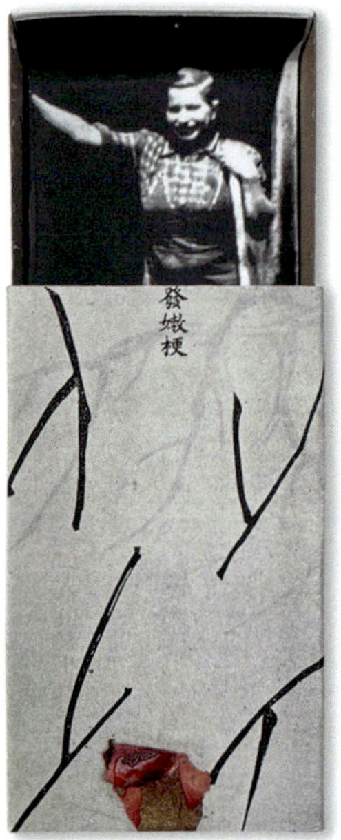

Ahnenzeit und die Ahnfrauen

Zeitenwandernd ins Ahnenfeld, hin zu ihren Wegen, ihrer Kraft, ihren Träumen und weiter zu mir ins Jetzt. Meine Fragen in ihr Feld einweben, ihr Eigensein mit meinem verknüpfen und auf Kommendes lauschen.
Eine meiner Ahnen hat die Welt erkundet, diese flirrige, mal schwarz-weiße, fremde oder ostereiervertraute Welt. Diese alte Wanderhäsin begegnete allem gelassen. Sie kannte ihr Wesen. Sie folgte ihrem Stern. Es brauchte nur ihr gefallen. Was, wenn das alle täten? Sie pfiff es von den Bäumen: „Moden ändern sich, anders als Kirschblüten." Die bäuerlichen Ahnfrauen waren stark, sie haben ihr Feld bestellt, gesät, geerntet, zubereitet, frei von guten oder schlechten Bedingungen. Heu und Gabeln, Halme und Blutrot. Die Füße auf der Erde, den Blick über den Gartenzaun. So kann man dem Geschehen begegnen. Andere haben die Welt bereist und wollten wissen, am besten alles. Sie haben teils wilde Geschichten gesammelt, wie Vicenta mit ihren Verrücktheiten, da würdet ihr erröten. Da gesellten sich Nadelstreifen schnell mal zu Blumenhuttrachten. Es gibt auch die Schneeahnen mit ihren Spuren in Weiß. Die gläserne Blumensonne ließ die richtige Spur aufleuchten. Kraftnahrung gab es bei der Tante Avelina in der kleinen Küche. Einfach dasitzen, dem Dampf aus dem Topf zuschauen und bekocht werden, nervenstärkende Dinge erzählen und eine kleine Küchenschachtel machen, die am Herd steht. Aus ihr kommt Feuerwärme, Suppenduft und Ruhe. Sie sind schon alle heimgekehrt und sitzen an den Ahnenfeuern. Wenn ich nachts in die Sterne schaue, dann winke ich ihnen zu und sage: „Schickt mir Euren Segen und gute Einfälle und animiert die Musen, dass sie mich küssen."

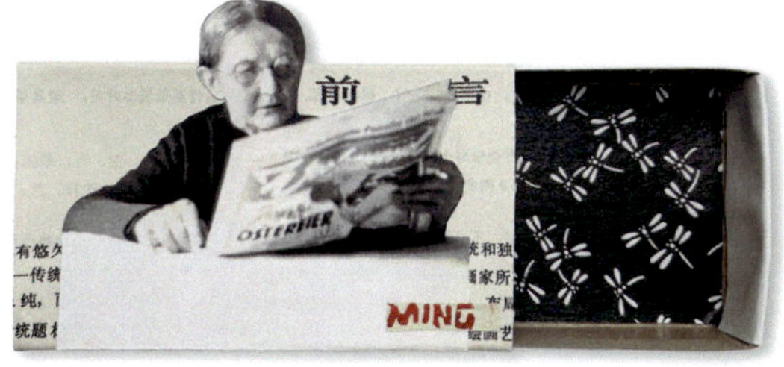

Dann erinnere ich ganz besonders diejenigen, mit denen ich schwierige Geschichten befrieden konnte. Einmal haben wir zusammen sanft die Türe hinter einer problematischen Wegstrecke geschlossen und sind danach verbundener zusammen weitergegangen. Ein anderes mal konnte ich mit wem etwas gut sterben lassen. Und dann wiederum habe ich mich alleine aufgemacht, um für einen Frieden im Miteinander zu gehen, was ungleich schwieriger war. Diejenigen, die hinübergegangen sind, mit denen es eine gelungene Geschichtenbefriedung gegeben hat, die rufe ich besonders. Weil es groß und wichtig ist. Weil ich durch sie erfahren durfte, wie befreiend und erfüllend es ist, für gute Geschichtenwege zu gehen. Und weil ich mir wünsche, dass ich dieses Friedenswirken auch in den noch offenen Geschichten schaffe, bevor mich die Tödin abholt.
Wen ich noch ehren will sind meine PatInnen fürs Hinübergehen, Clemens und Alwine. Sie wissen wie es geht, sie haben das sanfte Hinübergehen aus der Autonomie heraus gewusst. Ich habe sie auserwählt als SterbepatInnen. Auf dass sie mir sagen, wann ein guter Zeitpunkt ist und wo der beste Weg hinüber ist. Dann tanze ich mit der Ahnenlehrerin, für die ich vor langer Zeit eine Figur gemacht habe. Feiern ist das Zauberwort, als Knochenfrau tanzen und um Santa Muerte als Begleiterin wissen. Die leuchtenden Tagetes lege ich zur Tödin, der großen Lebenslehrerin. Sie lehrt so viel über das Leben und Lieben und wie wir gut mit der Wahrheit unserer Verletzlichkeit leben können. Es hilft, wenn ich meine knöcherne Struktur spüre und als Skelett tanze.

Es ist ein großes, kraftvolles Feld hinter mir und wenn die Schleier dünn sind, dann höre ich ein spirituelles Rufen und erahne ihre heiligen Träume. Sie sind meine Wurzelschätze. In einem hawaiianischen Vers heisst es „Die Äste wachsen, weil es einen Stamm gibt. Ein Baum wächst, weil es Wurzeln gibt. Ohne unsere Ahnen wären wir nicht hier."

Es ist eine gute Zeit, um ins Dorf der Ahnen zu reisen und nochmal hinzuschauen und zu feiern, was an speziellen Gaben, Begabungen und Medizinen meiner Ahnen in mir weiterlebt.

Für jede der hilfreichen Ahnfrauen mache ich eine kleine Geschichtenschachtel und ehre sind in ihrem Eigensein.

Die Schönheit gegangener Wege

Kintsugi – die japanische Kunst, gesprungene oder zerbrochene Keramik zu reparieren. Ein langer Lebensweg heisst, dass hier und dort was abgeblättert ist, dass es Risse und alte Wunden gibt. Das Leben hinterlässt Spuren. Wie bei einer Teeschale oder einem oft benutzten Gefäß aus Porzellan.
So etwas zu reparieren bedarf großer Kunstfertigkeit und einer Wertschätzung.

Kintsugi ist die Kunst, die wir uns für die Verwundungen und Risse unseres Lebens zueigen machen könnten. Sie versucht weder den Riss zu leugnen, noch ihn zu verbergen. Ganz im Gegenteil. Er wird mit Gold hervorgehoben. Wie geehrte, sichtbare Linien auf Lebenslandkarten, wie die schönen Falten in alten Gesichtern.
Der Prozess des Kintsugi für die gesprungenen Keramiken ist aufwendig und kompliziert. Es braucht Fachkenntnis. Es wird in mehreren Schichten gearbeitet. So wird es auch bei uns nicht ruckzuck gehen, denn die Geschichten-Schichten wollen gesehen, befühlt, gewusst sein. Die einzelnen Teile der Geschichte wollen eingesammelt, geglättet, zusammengefügt und ergänzt werden. Dann gibt es ein neues Ganzes in neuer Schönheit. Dann, wenn die Risse sichtbar, geehrt, vergoldet sind. Das geschieht, wenn es uns was wert war. Dann bekommt es Zeit, Hingabe, unsere Kreativität und kostbares Material – das Gold.
Das Gold an Stellen unserer Lebensgeschichten sichtbar machen, wo es Risse gibt. Wie die tätowierte Rose, dort, wo eine Verletzung war. Sie rankt sich um die Narben. Wie das Liebesgedicht an mich, als ich mir gar nicht gefallen habe. Wie die Pleite, die ich im Lebenslauf erwähne samt den wichtigen Erfahrungen, die mein Scheitern mir gebracht haben. Neues Leben eingehaucht, sichtbar gemacht, vergoldet. Die gebrochene Schale, mein Leben mit all seinen Rissen und Brüchen, mit den verlorenen Teilen, mit den Wunden und Narben ehren.
Im Makel die Schönheit gelebten Lebens sehen. Leben, Körper, Formen sind fehlerhaft, vergänglich, sie werden alt und wandeln sich. Unser Leben ist, wie die Teeschale, einzigartig und kostbar – nicht trotz, sondern wegen der Risse und des scheinbar Unperfekten. Ich spreche ihm einen tiefen Wert zu, genau deswegen.

Eine bayrische Gebetsmühle

Gebetsmühlen finde ich praktisch und ich mag den Klang. Sie im Vorbeigehen bewegen, den Gebeten zuhören wie sie sich mit dem leisen Rattatatatat hinaussingen. Jede hat ein eigenes Lied, ein eigenes Gebet.
Praktisch finde ich sie wegen meiner Vergesslichkeit. Zum Beispiel die Gebetsmühle für die wilden, freien Wege. Für das alte weise Lachen. Für die hohen Flüge und die tiefen Wurzeln. Fürs Erinnern an mein kostbares, wildes Selbst. Dafür will ich wirklich gehen und doch entfällt es mir im Alltagsgeschehen ganz schnell. Da helfen auch keine Notizzettel, denn die blende ich nach Kurzem aus.
Deshalb habe ich mir eine bayrische Gebetsmühle machen lassen, die vor der Haustüre hängt und die ich immer beim Hinausgehen in die Welt und beim Heimkommen drehe. Dann höre ich ein Erinnerlied und sowas wie klingende Samen, die in alle Winde fliegen, auf dass mir das alte Feuer tiefe Heimat sein möge. Eigentlich bräuchte ich ganz viele Gebetsmühlen nebeneinander bis zur Gartentüre. Das wäre wirklich praktisch.

Etwas erfahren, spüren, es verinnerlichen. Verben und Adjektive gefallen mir dazu gut, wie *sich verjahreszeiten* oder *verwettert sein*. Hinausgehen bei Wind und Regen, um einzutauchen in den alten Herbst. Das Unwirtliche in mich hineinkriechen lassen, die klarer werdenden Konturen in mich aufnehmen, dem rauheren Gesang des Windes lauschen.

Auf den Spuren der Herbst- und Winteralten. Sie zeigt sich im Stein, im abgebrochenen Baumstamm am Weg neben der Straße. Sie ist ganz nah. Wenn ich verweile und wirklich eintauche und den Wind an mir rütteln lasse, dann beginnt sie zu erzählen.

Wildnisschaft

Altfeuerland ist Wildnisland. In der Wildnis gibt es keine festen Pfade, die Wege bahnen wir uns selbst. Intuition ist gefragt, weil wir auf keine Landkarten zurückgreifen können. Manchmal ist es unwegsam, manchmal nicht. Auf alle Fälle lässt uns die Wildnis in die eigene Kraft hineinwachsen. Die alte Hagazusse, die Zaunreiterin, die Tunritha ist mit einem Bein eine Frau der Wildnis. Sie klopft die Intelligenz der natürlichen Wildheit in uns wach. Wir können ihr vertrauen. Die Wildnatur braucht eine wirkliche Beziehung zu ihr und zu uns selbst. Nur so heilen die Verletzungen, welche die Zivilisationszähmung verursacht hat.
Die langen Nächte, der Winter, die Felle und Tiergerüche, die Geweihe und das Sternenfunkeln, all das ruft die uralten Mythen, das Unzivilisierte, die Urinstinkte wach. Der Sommer schenkt wiederum ganz andere Aspekte von üppigem, wildwucherndem Sein.
Die weiblichen Urinstinkte, die Urahnungen, unsere Verwandtschaft zum Wilden – fordern wir sie zurück. Atmen wir sie in die Städte, ins System hinein. Unser Fauchen und Knurren, der Geruch der Bärin, der Geist der Wölfe – möge es sich durch uns verströmen. Es wäre unsere natürliche Lebensweise. Es ist die uns innewohnende Weisheit, unsere Schoßraumweisheit und Intelligenz. Das Wilde ist unsere eigentliche Substanz und unsere Heimat. Es ist unsere Schöpfungsquelle, unser Wesensgrund.
Es gibt Verbündete, die ein Heimatlied für uns singen, ein Lied, das uns nach Hause in die Wildnis führt. Für die einen ist es der Sturm, für andere das Meer. Es kann der Pfiff eines Falken sein oder das Rauschen eines Wasserfalls. Unsere wilden Verbündeten sprechen in Träumen zu uns und wir hören sie in den alten Gesängen des Landes. Sie schicken uns das, was wir Eingebungen nennen und diese sind vielsprachig und poetisch. Sie riechen nach feuchter Erde und sie wecken die Sehnsucht. Sie sind Jahrmillionen alt und sie kennen die Zukunft.
Die Wurzel von uns Frauen ist wildnatürlich.

Winter fordert mehr Wildnisgeist als alle anderen Jahreszeiten. Wildnis zu kosten geht im Winter auch leichter. Raus aus der Stadt, der Zivilisation, der Betriebsamkeit. In die Dunkelheit, die Stille, die Langsamkeit tauchen. Da merke ich schnell, wie nah oder fern mir die Wildnis ist. Und draussen, wenn ich die Wege nur mehr erahne, wenn es schneller Nacht geworden ist als ich dachte, dann spüre ich sie, die Wildnis. Oder wenn ich weiß, dass der Schnee meine Spuren verwischt und ich hinüberschlafen würde in der Kälte, falls ich einschlafe. Nicht umsonst haben die klugen Leute, als sie ihre Skier selbst geschnitzt haben, ein Ästchen stehenlassen, um gefunden zu werden. Denn es hat eine feine Spur im Schnee hinterlassen. Fatal war es, wenn wir zu perfekt waren und alles zu glattgeschliffen war. Dann waren wir unauffindbar und sind verlorengegangen. Die Winteralte kennt das Geheimnis des scheinbar Unperfekten. Es kann lebensrettend sein. Das Leben und das Unperfekte gehören zusammen.

Wieder lernen, mit den Winterkräften zu tanzen, zu atmen, zu sein. Mit den Winterkräften in uns und im Aussen. Die wilden, rauhen Landstriche unserer Seele lieben, mit den hohen Bergen und den wilden Küsten. Sicherheit gewinnen in den tiefen Wäldern und den dunklen Seen unseres Seins. Indigene sein, zuhause in unserer Wildnatur.

Die wilden Wege

Wo sind die wilden, freien, die uralten weiblichen Wege und Landstriche? Wer bewohnt sie? Wie kommen wir dorthin? Diese Landstriche sind fremd in dieser lauten, überbeleuchteten Gesellschaft. Für manche sind es furchteinflößende Zonen, für andere verheißungsvolle. So oder so, sie sind wichtig für die Balance und die Kraft der Frauen. Als Alte werden wir sie gehen. Sie sind herausfordernd, weil es dort so pur ist und ungeschminkt, so kraftvoll und wahr. Weil es so zärtlich und sinnlich ist und auch das ist herausfordernd.

Es hat eine Zeit gegeben, da war ich dorthin unterwegs und wollte dort wohnen, dauerhaft. Ich habe viel davon gehört und es hat so gerufen. Meine junge Kühnheit hat mich mutig aufbrechen lassen – in die entlegensten Teile meiner Seele, in die Wildnis, die Weite, in fremdes weibliches Urland. Ich ahnte, dass es Heimatland ist, Mutterland. Und doch lebe ich nicht immer dort. Für die Erinnerung habe ich in den Rocksaum die Kräuter aus der Wildnis eingenährt und weiß, dass ich immer hinreisen kann und so lange dort sein, wie ich es vermag.

Mit Santa Muerte, mit der wilden Lucia, mit den Perchten, den Stammmüttern und den Wildfrauen gehe ich gerade wieder in diesen Tanz – jetzt als Alte. Mein Rucksack ist gepackt. Es wird Zeit, aufzubrechen, es braucht die Weisheit und die ungezähmte Kraft dieses freien, wilden Landes.

Hinter dem Hag

Über den Tellerrand geschaut und über den Gartenzaun gesprungen – weibliche Weisheitswege kennen das Wilde und Verwegene. Sie sind wie Wildblumenwiesen im jungen Sommer oder wie geheimnisvoller Nebelzauber im alten Herbst. Manchmal sind sie wie Schneekristalle, so komplex und voller Schönheit. Und immer sind sie es wert, gegangen zu werden.

Lucia

Lucia und die Geschichten meiner Mutter zur Lichtbringerin, unsere Kerzenkränze, die wir beide unbedingt wollten, samt Wachs im Haar, das Lachen und die Selbstverständlichkeit dabei. Heute würden sie dir ja dein Kind wegnehmen, wenn es mit brennenden Kerzen auf dem Kopf herumläuft.

Später habe ich ein anderes Gesicht der Lucia kennengelernt, das der roten, blutigen, wilden Lutz. Ich war fasziniert und fand sie stark und mächtig und etwas hat mir gesagt, dass sie alt ist und wichtige Botschaften hat. Da ist auf einmal eine alte Mondgöttin, eine Licht- und Geburtsgöttin in ihrer Ganzheit. Der rote Gürtel der lichten Lucia ist ein Mondblutgürtel und in ihrem wilden Aspekt ist sie die Alte in der Schwarzmondweisheit. Auch sie hat, wie die Tödin, etwas, das schneiden kann, ein Messer, eine Sense oder die Mondsichel als Zepter. Sie ist nicht schön. Sie ist eindrücklich und auch furchteinflößend, denn sie beleuchtet einen ganz wichtigen Teil unserer Frauenmacht, die eine tiefe Verbindung mit unserem Blut hat.

Holen wir sie uns wieder, die ungebändigte, wilde Kraft, den Wintergeist, die Mondblutweisheit vom jungen bis zum alten Feuer. Sie werden gebraucht. Das, was Lucia verkörpert, das geht für das Leben, weil es nichts ausgrenzt und das Sowohl-als-auch verkörpert, weil sie ihren wilden Tanz zwischen Licht und Dunkelheit tanzt und im Zyklischen zuhause ist. Um die Lucia anders als in Kindertagen zu erleben und zu spüren, sind wir losgezogen. Weiß-Rot-Schwarz, mit roten Mondblutfäden als Gürtel, am kalten Wintertag. Es war nicht einfach, ein „Gesicht" zu finden und eine Ahnung zu bekommen, welche Kraft sie in ihrer Ganzheit verkörpert. Auf der Anhöhe mit den eisigen Winden in die Weite schauen und die Tiefe der Lucienkraft ausloten.

Winterstürme, Knochen und Steine

Wetterwendezeit. Es wird Zeit dass die Herbstalte übernimmt. Zeit für die Normalzeit, die Winterzeit und, dass das unnatürliche Verlängernwollen des Tages zu Ende geht. Es ruft danach, dass es dunkler und stiller wird, um selber in der Ruhe zu bleiben, wach und ruhig. Vielleicht gelingt es dann, die Geschehnisse aufzuträumen. Im besten Fall sehen wir beim nach innen Schauen unser inneres Leuchten. Diese Zeit kann unser Leuchtendsein brauchen.

Später dann geht die Herbstweise über in die Winteralte. So wie die jungen Alten älter werden. Im Wintersturm draussen sein. In diese Kraft hineingehen. Das Winterlied klingt rauh und laut. Der Wind ist schneidend, scharf. Den Atem spüren, weil ihn der Wind herausfordert. Es braucht Kraft und einen starken Atem. Halte ich dem Wind stand? Biegsam und stark? Winterwind fragt ab, ob ich gut vorgesorgt habe – gute Kleidung, gut genährt, sicher unterwegs, all das. Winterwind rüttelt an, ist mächtig und es braucht Energie, um draussen im Wind zu sein. Eisige Nordwinde lassen mich wissen, wie schnell ich verlorengehen könnte, wenn es mir an Reife fehlt.
„Wenn Du Deinen Sommer gut gelebt hast, wird der Winter gut zu Dir sein." Das habe ich in jungen Jahren in die Küche gehängt. Wer weiß – die Winteralte gibt keine Garantien. Sie hat mir das nie versprochen. Und doch, wenn es im Sturm ganz unwirtlich wird, dann spüre ich in mir sowas wie eine Herdstelle, ein Feuer tief drin, das wärmt. Es könnte sich speisen aus gutem Feuerholz vom Sommer. Der Winterwind fegt die Gedanken weg und ich weiß immer weniger mit Gewissheit. Unerbittlich, machtvoll, wild sind die Winterstürme. Warum sollten die Alten nicht genauso sein? So scharf, so züntig, manchmal brüllend wie der Wind, im heiligen Zorn. Wenn es reicht, wenn es ums Aufwachen oder Aufhören geht. Wenn es darum geht, verantwortlich den Platz einzunehmen als Königin meines Lebens. Im besten Fall als Winterälteste, die um ihre weiße Krone weiß, um ihr Vermögen, um ihre Macht.

Auf den Spuren der Winteralten durchs alte Herbst- und Winterland wandern. Innere Bilder kommen lassen, zu Beginn der Spinnstubenzeit einen schwarzen Fetzenmantel nähen und alte weise Frauenwege erinnern. In die Herbststürme hineingehen und den alten Wintergeist rufen.
Am Hollerbusch, leise, lauschend – wie der magischen Geschichte von Modron, der Roten, die ihren Zauberstab zu Samhain unter den Holunder legt und von Cailleach, der Winteralten, die ihn aufnimmt, weil ihre Zeit beginnt. Monate später, in die erste Frühlingsahnung hinein wird sie ihn wiederum unter den Holunder legen, zu den Steinen gehen und Brigid nimmt ihn auf. Stabübergabe. Für einige Monate ist es die Zeit von Cailleach, der Weisen Alten, der Wintergöttin, der Knochenmutter. Sie kommt aus dem Gälischen und alte Frauen werden dort manchmal auch Cailleach genannt. Alt und machtvoll ist sie. Sie ist die winterwilde Kraft. In den Mythen heisst es, dass sie älter als die Zeit sei. „Sie ist das Land, sie ist die Steine, die Küste, sie ist Weisheit, Wissen, Mysterium, sie ist die Winteralte, sie ist die Cailleach."

Cailleach

Cailleach oder im älteren Namen Beira ist die Alte der Steine, die Königin des Winters, die dunkle Mutter. Sie hat eine Ähnlichkeit mit Urd, der Alten, der Norne der Vergangenheit. Cailleach schneidet den Schicksalsfaden durch, wenn es Zeit ist. Fest im Leben beheimatet, weiß sie um die Fäden des Todes. Sie kennt das Gewesene und weiß um Kommendes.

Manche sagen, sie sei auch eine *Trickster*. Auf jeden Fall ist sie als machtvolle alte Zauberin eine Gestaltwandlerin. Immer mal verwandelt sie sich in eine Eule oder eine Stute. Sie ist Herdfeuer und eisiger Nordwind, sie wärmt und lässt sterben. Wie Kali ist sie Schöpferin und Zerstörerin. Von der Energie her gehört sie auch zur Percht. Beide hüten Übergänge und geleiten über Schwellen und beides sind Wintergöttinnen. Cailleach hütet den heiligen Berg Sidhe, wo es ins Feenreich geht. Sie ist eng verbunden mit Tieren. Schwarze Katzen, Hirsche und Wölfe gehören zu ihr. Manchmal wird sie, wie andere Dunkle Göttinnen, mit einem Kessel in Verbindung gebracht. Der Kessel, der Womb, ist ein altes Wiedergeburtssymbol. Cailleach ist die Sterbeamme für das gehende Jahr und sie hütet die Samen des neuen Lebens, die über den Winter unter der Erde gewärmt werden. Die alte Gestaltwandlerin verlässt das Reich der festen Formen und kann doch alle annehmen. Im Älterwerden lösen sich die Formen auf und im besten Fall auch das Festhaltenwollen daran. Je länger wir leben, desto öfter hat uns die Tödin gelehrt, dass sich alle Formen wandeln, in andere übergehen. Cailleach weckt am Ende des Winters die Schlange, die den Frühling bringt. Sie hält nicht fest am ewigen Winter. Sie lässt ihre Regentschaft los, damit sich die Erde, die Welt erneuert. Verwandlung. Wenn sie den Zauberstab unter den Holunder legt, verwandelt sie sich in einen Stein. Stein und Bein sind die Verwandlungsweisheit der Knochenmutter. Letztlich bleibt Cailleach, die "Verschleierte", ein Geheimnis. Die weisen Alten sind, wie Cailleach, komplex, zunehmend wandernd zwischen den Welten, noch ganz da und doch schon hinter die Große Schwelle lauschend.

Winterweisheit aus dem Lebenskoffer holen. Mit dem reifen Wintergeist den Geschehnissen begegnen. Winterreife ist urahnenalt, sonst gäbe es uns längst nicht mehr. Sie macht wirkliche Gemeinschaften aus. Eine Gesellschaft, die keine Gemeinschaft ist, wird wahrscheinlich nicht überleben. Zusammen, miteinander, gemeinsam, das sind die Zukunftswege und sie sind geebnet durch Winterweisheit. Tief in den Winter, den Schnee, die langen Nächte hineinlauschen, es ist die Zeit dafür.

Wenn die inneren Reisen zunehmend länger und tiefer werden ziehen wir als geübte Reisende furchtlos durch die unwegsamste innere Wildnis. Am Herd werden wir vielleicht die großen Reisen tun und die letzten Geheimnisse von Wandlung erkunden. Auf altvertrauten Wegen sind wir unterwegs in anderen Welten und Ebenen und steigen wie Freya in eine Falkenhaut, fliegen und bringen jedes Mal etwas mehr an Wissen um die Zukunft mit. Dann tanzen wir ins Morgen, in die sich öffnende Spirale hinein. Die Alten lauschen immer öfter auf den Spiralwind, um irgendwann einmal mit ihm fortzuziehen.

Die Winteralte führt uns in sehr stille Zonen. Dort wird es weit und tief, scharf gezeichnet und gleichzeitig verwischen die festen Grenzen. Wenn wir dort unterwegs sind, verliert sich viel – dass wir zu kriegen sind mit allem möglichen, wie Aussehen, Ruhm oder Geld. Oder dass wir meinen funktionieren zu müssen, zu Diensten zu sein und noch so manches. In diesen winteralten Zonen brennen viele Transformationsfeuer.
Je verfahrener es im Aussen wird, umso mehr werde ich Sehnsuchende nach den weiten Winterlandstrichen in mir und in der Welt. Sehnsuchende nach den Feldern, wo wir nicht mit Unsinn zu beeindrucken sind und vieles durchschauen. Nach den Landstrichen, wo wir furchtlos sind und wachsam und dem vertrauen, was wir sind und was wir vermögen.
Es ist die Sehnsucht nach dem Land der Winterältesten, der wildweisen Närrin, wo die Herzfeuer brennen für ein lebensweises WIE wir leben wollen und für eine freie Welt, IN der wir leben wollen.

Winterwind kommt wild und laut, klopft an meine Tür
und schiebt sich durch die Risse der alten Wände.
Er bringt den Geist mit, der aus den Knochen
der Weisen Alten erwacht ist.
Ich lausche – den sprechenden Steinen,
den Gesängen der Nacht, den alten Wintersagen.
Irgendwann einmal werde ich auf dem Wind reiten.
Dann, wenn es Zeit ist, im Schwarzblumenland zu feiern
und meinen alten Namen auszusprechen.

Die Percht

In der Verbindung mit der mächtigen alten „Göttin zwischen den Welten" lässt sich ein Hauch mehr von Wandlung, von Übergängen, von Winterweisheit erahnen. Es ist die Zeit der Rauhnächte, der Perchtenläufe. Die Percht ist eine Seelenbegleiterin – hinüber über die Schwelle, ins Ahnenfeld, auf die Traumpfade, im Fieber, in einer Trance. Sie begleitet uns auf den Wegen ins Leben und hin zur Tödin.

So wild sie übers Land fegt, so mild ist sie zu allem, was gestorben ist oder sterben will. Sie nimmt sich der gestorbenen Kinder an und wandert mit dem langen Zug der Seelchen durchs Winterland. Dazu gehören auch unsere gestorbenen Träume und Projekte, all die Verluste – hier eine gestorbene Hoffnung, da eine verlorene Geschichte. Sie sammelt alle ein und zieht mit ihnen durchs weite, weiße Seelenland. Sie gibt ihnen einen Platz und manchmal wächst dort eine Blume oder ein Baum. Oder sie wählen auf ihrer Wanderreise mit der Percht eine neue Heimstatt aus, eine Mutter, die sie ins Leben hinein gebiert.

Wenn wir etwas sterben lassen müssen, führt sie uns durch die dunkle Nacht. Sie hilft uns, etwas Urmenschliches anzunehmen – unsicher zu sein und ratlos, unwissend und tastend, sehnsuchend und fallend. Sie lehrt uns, Tod als Teil des Lebens anzuerkennen.

In uns allen ist schon viele Male etwas gestorben – Ideen, der Wunsch nach einer großartigen Liebesbeziehung oder die Sehnsucht nach freien Alleinwegen, nach einer Berufung, nach Sicherheit oder, dass die Katze dreißig Jahre alt wird. Lebensträume, Frieden mit etwas, die kollektive Aufarbeitung von gesellschaftlichen Verwerfungen ... vieles mussten und müssen wir loslassen.

Wenn ich in den Rauhnächten weiße Speisen für die Percht, die wilde Jagd, den langen Zug der Seelchen vor die Haustüre stelle, dann weiß ich, dass es auch für meine gestorbenen Geschichten ist. Und die, die noch umhergeistern, vertraue ich der Percht an, damit sie sich ihrer annimmt und sie an stimmigen Orten und auf guter Erde wiedergeboren werden.

Manchmal klopft es in den Rauhnächten an mein Fenster und ich sehe etwas, das mir zulächelt. Es könnte ein neues Projekt sein, ein alter Traum, sogar eine Katze hat mal geklopft. Wenn ich die Türe öffne ist es sowas wie ein Mutter-Ja für ein neues Spirit- oder Katzenkind. In den Rauhnächten ist es nochmal anders, weitreichender, auf ein Klopfen zu lauschen.

Perchtenzeit – Die wilde Jagd

Wenn die Rauhnächte beginnen und die wilde Jagd übers Land zieht, hört man immer wieder, dass im Gefolge der Percht auch Unholdinnen seien. Ein recht eigenartiger Ausdruck. Was ist denn eine Unholdin? Ist sie schiach, gruslig, alt, wild und eben alles andere als anmutig und lieblich, von zarter Schönheit und hold? Wenn ich vor meinem alten Gesicht oder Körper erschrecke, dann begebe ich mich am besten in die Obhut der Percht. Sie bläst mir die Sicht auf die Schönheit und die Weite von alter Winterkraft ein. Die ist auch nicht lieblich oder hold und doch von so großer und tiefer Schönheit.

In jungen Jahren hat sie mich in meine Frauenmacht initiiert und mir die Wölfe an die Seite gestellt und jetzt im Alter zeigt sie mir gute Schwarzmondwege. Sie zu treffen hat im Alter eine andere Leichtigkeit als jemals zuvor. Vielleicht weil ich ihr mittlerweile ähnlicher sehe und mehr so rieche wie sie, weil ich näher an der Kante wandere und weil mich weniger erschreckt als früher. Mehr als sechzig Winter durchwandert, das macht alles ruhiger. Und von mal zu mal wird die dunkle, staade Zeit mit der Percht vertrauter.

Winterkostbarkeit zeigt sich beim Herumstreifen nachts im Schneewald. Und wenn man mit den Winterstürmen singt. Stundenlang ins Feuer schauen an einem kalten Wintertag ist auch sehr weitreichend.

Eine neue Perchtenmaske ruft. Im alten Herbst beginnt es. Papier und Zweige, Geweihe in den Bäumen sehen. Sammeln, Spurensuche. In der Winterzeit machen wir unsere Masken, tragen die Fundstücke zusammen, sitzen am Feuer zum Nähen, Schmücken, zum Wissensaustausch. Wir tanzen uns Schritt für Schritt in die Perchtenkraft. Es entstehen Knochengürtel und Holundergeweihe mit Fuchsfellen, wilde Masken, Allerleirauhmäntel und Amulette. Bohnenrassel, Kochtopf, Sichelmesser, Besen, Kuhglocken und Schellen begleiten uns.

Auf Hände und Gesichter malen wir Zeichen und hängen uns alte Felle mit intensivem Geruch um. Wie sieht mein Perchtengesicht am alten Feuer aus? In jungen Jahren war es sehr alt. Wird es am alten Feuer jünger aussehen? Die Winterkraft verkörpern, sie spüren, sie tanzen, sie werden. Das ist wichtig und heilsam.

Erinnerungen an alte Perchtenläufe aus jungen Jahren, als wir im Perchtengewand in einer Vollmondnacht bei tiefem Schnee auf die Leiten zu einer Freundin gegangen sind. Wir hatte viele Glocken dabei und haben dort dann geschaut, ob sie unsinnige Dinge tun wie Wäsche waschen oder putzen. Erinnert haben wir sie und die Rosa, ihre Tochter, dass sie frei und wild bleiben sollen und dann wurde das Haus geräuchert. Wir sind bestens verköstigt worden, wie es eben so Brauch ist beim Perchtengang.
Wenn die Percht mit ihrer wilden Jagd durch die Raunächte zieht, atme ich den Geist der dunklen Göttinnen ein. In Winter- und Schneestürmen fegen die Nachtfrauen mit zottigem Haar ums Haus, im Gefolge mit Truden, Zauberinnen und besagten Unholdinnen. Mein freies Frauenleben weiß ich von der Percht beschützt. Am Perchtentag oder der *Perhtennaht* am 6. Januar feiere ich sie, sie ist ja auch meine Geburtspatin.
Es ist ein alter Segensbrauch für Haus und Feld, Berchtelmilch, Bier und feine weiße Speisen auf einen gedeckten Tisch zu stellen. Mit einem ihrer vielen Namen rufe ich sie und bitte sie, mich zu unterstützen, damit ich innere und äußere Hindernisse auf meinem Weg gut bewältige.

Gerade in diesen Zeiten ist sie eine wichtige Begleiterin, denn sie erfreut sich am schlecht ausgeprägten Unterwerfungswillen. Wenn eine davon wenig hat, dann hilft sie dabei, dass es auch weiterhin so bleibt. Jahrzehnte ist es her, dass wir beschlossen haben, uns das Perchten mit den Perchtenläufen wieder anzueignen und die dunkle Göttinnenkraft in weibliche Hände zu nehmen.

Vom Dorf aus gehen wir hoch zur Leiten, in die Dämmerung hinein, in die schneebedeckte Berggegend. Die Perchtenfrauen in ihrer Wildheit und Macht in der weiten weißen Landschaft. Weite Fellmäntel, Rupfen, Fetzen wehen im Wind – geheimnisvoll, magisch, alt. Wir summen und rasseln auf unserem Weg, dann

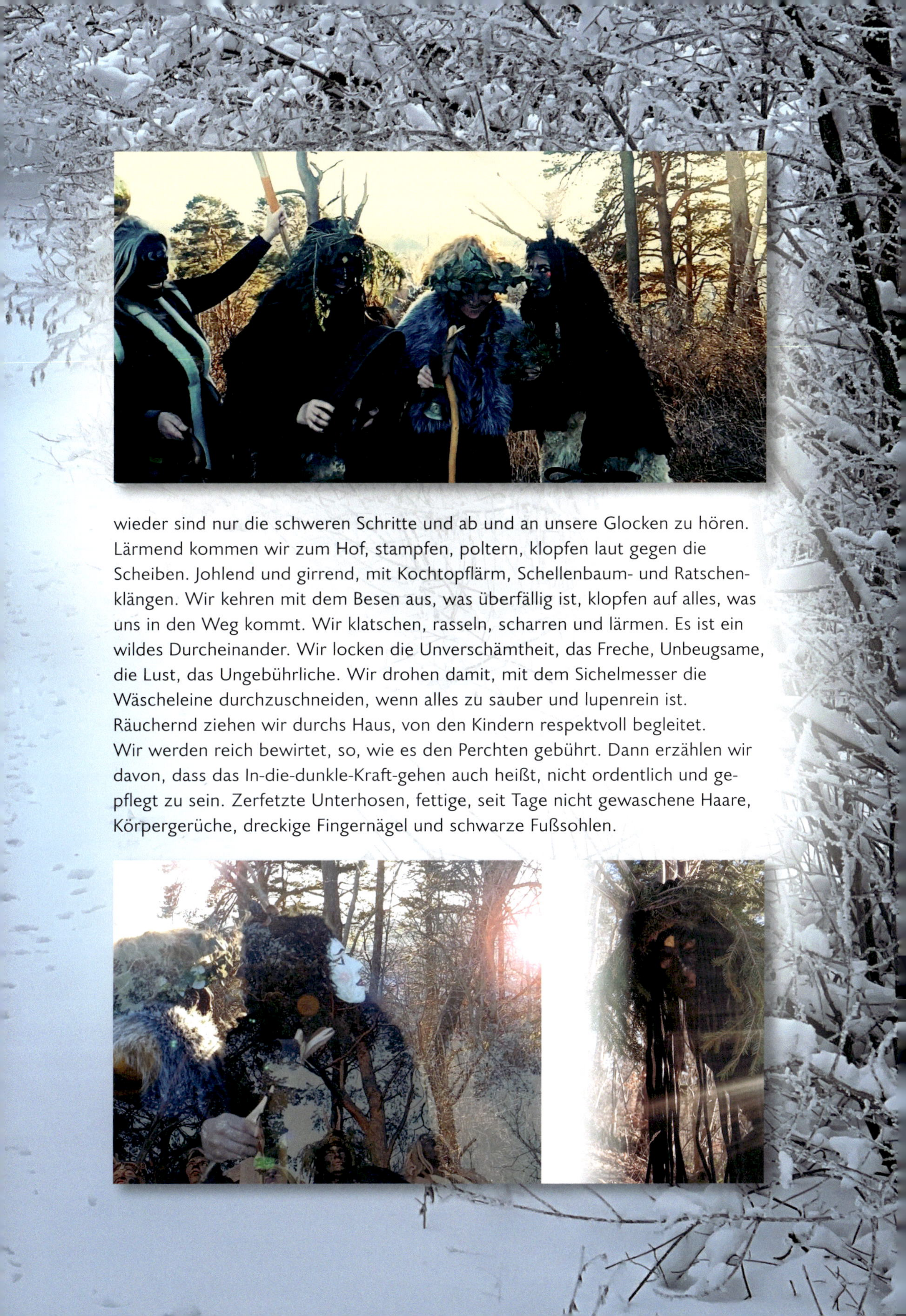

wieder sind nur die schweren Schritte und ab und an unsere Glocken zu hören. Lärmend kommen wir zum Hof, stampfen, poltern, klopfen laut gegen die Scheiben. Johlend und girrend, mit Kochtopflärm, Schellenbaum- und Ratschenklängen. Wir kehren mit dem Besen aus, was überfällig ist, klopfen auf alles, was uns in den Weg kommt. Wir klatschen, rasseln, scharren und lärmen. Es ist ein wildes Durcheinander. Wir locken die Unverschämtheit, das Freche, Unbeugsame, die Lust, das Ungebührliche. Wir drohen damit, mit dem Sichelmesser die Wäscheleine durchzuschneiden, wenn alles zu sauber und lupenrein ist. Räuchernd ziehen wir durchs Haus, von den Kindern respektvoll begleitet.
Wir werden reich bewirtet, so, wie es den Perchten gebührt. Dann erzählen wir davon, dass das In-die-dunkle-Kraft-gehen auch heißt, nicht ordentlich und gepflegt zu sein. Zerfetzte Unterhosen, fettige, seit Tage nicht gewaschene Haare, Körpergerüche, dreckige Fingernägel und schwarze Fußsohlen.

Es ist ein eindrücklicher Zustand, in dem wir uns als Perchten befinden. Nachdem wir unsere Kraft gegeben haben und gut verköstigt worden sind, ziehen wir weiter. Der Weg ist hell erleuchtet von der Mondin, die die Schneekristalle glitzern lässt. Rasselnd gehen wir ins Tal. Dreimal sausen wir im tiefen Schnee um einen alten Baumkreis. Den Geruch von Tier auf der Haut und alter Winterwildheit nehmen wir mit – in die Träume, in den Frühling, ins Jahr.
Winter in der wirklichen Winterkraft – dunkel und wild, uns Menschen so viel abverlangend an Reife und weisem Unterwegssein. Die Gesellschaft braucht diese Ausrichtung mehr denn je samt der Frage, wie der reife Nordgeist in uns aufstehen kann. Wie kann er in der Tiefe erspürt werden, was ist wirklich damit gemeint?

Die Percht, die wilde Jagd, das weibliche Verstehen von Winter im gesamten Zyklus, all das hat ein ganz eigenes Gesicht. Es ist vielgesichtig. So viele Frauen wir sind, so viele Facetten der alten Winterkraft zeigen sich.

Älter geworden und wieder unterwegs in den Fellmänteln, zum Gebimmel der Glocken und Schellen. Jetzt sind wir wirklich alte Perchten in jungen Perchtenlauf-Geschichten. Die Perchtenkraft lässt uns auf Kräfte schauen, die in den Schatten wandern mussten, weil sie zu intensiv, zu wild, zu laut, zu mächtig waren. Die Percht fordert uns genau an dem Punkt auf, unser altes, wildes Land wieder zurückzuholen, es zu bereisen, zu besiedeln und erblühen zu lassen. Wir gehen über Wiesen und Äcker, schauen in die Berge, jodeln vom Berg oben übers Dorf und rufen unsere wilde Kraft zu uns zurück.
Durchs Dorf ziehen, zu den Höfen, von denen wir auch die Kuhglocken haben, auf die Höhe zur Almhütte. Und wie es Brauch ist, werden wir mit Schnaps bedankt auf unserem Weg.

Es kommen Frauen ins kleine Dorf, die als Perchten dafür gehen, dass die wildweise Frauenkraft ins Leben gewebt wird. Wie ziehen um die Häuser und auf den Berg hinauf, sichtbar, uns zumutend, sanft und wild und narrisch und was immer sonst noch so ruft. Begegnungen, Lachen, ein Jodel übers Dorf und in den Sonnenuntergang hinein, während die Kirchenglocken läuten. Schellen, Glocken, Rasseln, gute Wünsche und Segen für die Leute, die Lebensräume, das Land und die Tiere. Kinderbegleitung und eine, die vogelwild von vorne nach hinten saust, um alles zu erinnern. Genau so wie es zu den Perchten passt.

Die Ältesten

Jede reife und heile Gemeinschaft weiß um die Kraft der Ältesten. Es gibt dort Älteste, weil die Menschen initiiert durchs Rad gegangen sind, begleitet, gewachsen, gereift. Sie bilden einen Rat zusammen, in dem sie ihr Wissen und ihre Weisheit zur Verfügung stellen. Unsere Gesellschaft kennt das nicht, es mangelt uns an Ältesten. Diejenigen, die den Ruf hören und bereit sind für diese Aufgabe, finden bei uns nur schlecht erschlossene Wege dorthin. Nun verspüren nicht alle den Ruf ans Ältestenfeuer. Viele werden alt und nie Älteste. So ist es auch in tragenden Gemeinschaften, das ist normal.

Wo sind die Wege zu gelebtem Ältestensein für die von uns, die es nach dorthin ruft? Normalerweise würden die Ältesten unserer Gemeinschaft diejenigen in ihren Kreis rufen, die dafür reif sind. Dort könnten sie lernen und würden hineininitiiert in die Aufgaben. In Ermangelung dessen müssen wir andere Wege finden.

Zum einen können wir Kulturen befragen, in denen es eine lebendige Ältestenschaft gibt. Sie können uns inspirieren und erinnern – an unsere eigenen Wurzeln und daran, was es heißt, Älteste zu sein.
Wir können uns zusammentun und ein Forschungs- und Lernfeuer entzünden. Es wird ein Augenhöhenfeuer sein. Es ist bereichernd, denn alle, die dort sind, haben einen Ruf gehört und sind aufgebrochen. Dort werden wir uns selbst ermächtigen und gemeinsam an etwas erinnern, was wir einmal wussten und gelebt haben. Wir können als Gefährtinnen, die einem Ruf folgen, wanderlernend und wegefindend unterwegs sein ans Ältestenfeuer. Vielleicht initiieren wir uns damit gegenseitig.
Was uns einst lebende Älteste beigebracht haben, das können wir uns auch auf anderen Ebenen wieder holen. Wenn wir ins Spiritfeld der Ältesten reisen beispielsweise. Vielleicht finden wir dort eine Ältestenlehrerin, die uns unterweist. Zum einen sind es die Ältesten, die uns an ihr Feuer rufen und zum anderen sind es die Jungen, die uns initiieren. Dann, wenn sie uns als Älteste anfragen, wenn sie uns rufen und es uns zutrauen. Es ist wie eine Inthronisation an den Platz der Ältesten. Mit unserem Ja nehmen wir ihn ein.

Worte an die Jungen: „Wenn Ihr eine Ältestenposition einnehmen müsst für andere Junge, dann könnt Ihr nicht das leben was eigentlich ansteht. Gebt den Stab dorthin, wo er hingehört. Fragt uns Alten an, viele haben ein Ja in ihrem Herzen und werden da sein für Euch. Es gibt so viel Sehnsucht danach, gefragt zu sein. Ruft uns an Eure Feuer, erzählt uns, stellt uns Eure Fragen. Älteste werden Euch keine Antworten geben auf Fragen, die Ihr nicht gestellt habt. Sie werden ihre Geschenke nicht feilbieten. Sie werden sie Euch gerne schenken, wenn Ihr danach fragt und sie werden Euch Antworten geben auf Fragen, die Ihr stellt."

Was sind die Aufgaben von Ältesten? Was ruft uns denn da? Wonach sehnen wir uns, was brauchen die Jungen, die Reifen, die anderen Alten? Was heißt Ältestenschaft hier und heute in dieser Gesellschaft? Weil ich selber fragend und forschend bin, habe ich junge Frauen und Frauen in ihrer Rotblumenzeit gebeten, mir zu sagen, was sie uns Alten dazu sagen möchten. Eine der jungen Frauen lasse ich nun stellvertretend antworten.

An die älteren Frauen

„Wir brauchen Euch. Wir brauchen Euch, Mütter, Tanten, Großmütter, Frauen voller Liebe und Mitgefühl. Wir brauchen Euch, Hexen, Priesterinnen, Wanderinnen, Suchende voller Wissen und voller unbeantworteter Fragen. Wir brauchen Euch, Frauen im Gespräch mit dem unausweichlichen Vergehen, das das Abebben eures roten Flusses Euch lehrt. Wir brauchen den Klang Eurer wirklichen Stimmen am rohen Herzschlag unseres Seins.

Das Lied, das meine Generation singt, braucht den Widerhall im Gewebe Eurer wirklichen Geschichten, Eurer ehrlich beweinten Narben, Eurer wach behüteten Wunder, Eurer wild geschrienen Seelen. Unsere Kultur ist so schrecklich mutterlos, die heilig heilende Schwesternschaft ein verheißungsvoller Hall in wach sehnenden Herzen. Unzählige Waisenkinder laufen verwirrt umher und suchen die Quelle. Der große Frauenkreis hat Löcher aus Misstrauen und Scham und verleugnetem Schmerz, die sich um die Macht der dunklen Wilden legen. Und er glüht vor Verlangen, von uns gelebt und geehrt, befreit und gehütet zu sein! Wie soll eine junge Frau sich dem Ruf der wilden Erde hingeben, wenn kein Kreis der Alten in ihrem Rücken all die Wunder und Wunden liebt und segnet, schaut und beschaudert, die der Ritt durch dieses große Sterben und Erblühen unserer Zeit auf die jungen Leiber zeichnet?

Ich bitte Euch im Namen vieler, die an meiner Seite gehen, kriechen, brechen, tanzen: Macht Platz für den Tod, der uns Leben lehrt. Ich bitte Euch, lasst das junge Feuer aus euren Gliedern weichen und wagt den Blick in die verborgene Glut der großen dunklen Höhle. Ich bitte Euch, schenkt uns alte, runzlige, ehrlich vom Leben gegerbte Haut, schenkt Euch uns und schenkt Euch Euren Leuten mit dem Mut, dem Sein zu begegnen, das hinter all dem Halten und Müssen und Kämpfen liegt.

Und ich bitte Euch, Schwestern einer anderen Generation und doch selben Blutes: Öffnet Eure Herzen im Kreis Eurer Schwestern. Haltet miteinander die Schmerzen des nie gefeierten, nicht geehrten, nicht erkannten Seelenliedes, das Ihr zu klingen auf diese Erde kamt. Verbindet Euch so tief ihr könnt, wir brauchen Schutz in Eurer Mitte, doch den finden wir erst dort, wo die Tödin Platz unter Euch hat. Sie umarmt uns doch jeden Monat. Jeden Monat. Wo ist sie willkommen? Wo ist sie getragen? Wo ist sie bezeugt? Wo ist sie gefeiert ohne Frage? Wir suchen! Wir sind müde und unsere Herzen brennen fürs Leben!
So viel Schönheit und Weisheit, so tiefe Würde Eures zyklischen Seins wurde Euch nie anerkannt, wurde Euch weggeschwiegen, gestohlen. Möge es leuchten und sich verströmen. Wir bluten dafür, dass all die Wunden geheilt werden. Wir bluten so viel Schmerz und so viel wilde Liebe aus unseren Schößen zurück in die Erde. Wir lauschen nach dem Gold im Schlamm unserer aller Geschichte. Bitte nehmt Euch unsrer an. Bitte wendet Euch einander zu.
Ich kenne so viele meiner Schwestern, deren Klagen an den Mauern ihrer einsamen, nicht gehaltenen, nicht gesehenen Mütter zerschellen. Bitte, klagt einander das Leid Eurer Generation, singt einander den Frieden in den hinein Ihr uns schon immer betten wolltet. Bitte begreift, erlebt Euch Schönheit und Würde neu, fern der Plakatierungen unserer Kultur, die in ihrer Verleugnung der All-Verbundenheit hinter Masken erstickt.
Auf dass Frieden niemals mehr ein Projekt wird, auf dass Leben für immer ein Tanz durch Jahreszeiten bleibt, ein Ritt durch Ozeane und ein Taumel durch dunkle Täler in denen Gold leuchtet und wilde Quellen ewig spucken!
Bitte liebt, ihr Frauen, bitte liebt!!!
Seid wahrhaftige Alte, seid Älteste, wenn es Euch ruft, nehmt für uns alle den Platz der Alten ein, wir brauchen Euch!“

Sarah Eileen Rutzen – eine Junge, eine Tochter, eine, die sich nach Euch sehnt.

Älteste initiieren, sie teilen ihre großen Lebenswege und stellen sie zur Verfügung. Wenn die mächtigen Übergänge von ihnen geleitet werden, ist es ein sicheres Gehen. Älteste bringen eine geheimnisvolle Wildniskraft und Freiheit in die Gemeinschaft. Längst sind sie frei und unabhängig von Meinungen anderer, von Regeln und Anschauungen. Großzügig teilen sie ihr Wissen, damit die Nachfolgenden weitergehen können, als sie es vermochten. Ziele für sich selbst verfolgen sie nicht mehr. Es ist ihre pure Präsenz, die strahlt, wie ein Duft, den sie verströmen und der die Herzen wärmt, der Mut gibt und Klarheit schafft. Würde gehört zu den Ältesten, Toleranz und Mitgefühl. Ihre Wurzeln gehen tief hinein in die Erdengemeinschaft. Sie werden für die Rechte aller Wesen gehen, sie werden die Kinder schützen und wissen, was es heißt, die Jungen als Mentorinnen zu unterstützen. Sie begleiten Seelenwege und sie sehen die Potenziale der Leute. Darin werden sie sie bestärken und tiefer hineinführen. Sie gehen für die Unversehrtheit von Leben, weil sie wissen, wie kostbar es ist. Und wenn es notwendig ist, kennen sie den heiligen Zorn und werden ihre Stimme erheben. Sie sind voller Sanftmut und sie können scharf schneiden, wenn es erforderlich ist. Sie schenken heilsame Erinnerungen. Sie vermögen es, die Stürme zu besänftigen oder sie anzufachen. Sie können etwas sterben lassen. Sie kennen sich mit Grenzen aus und, je nach Bedarf, werden sie diese weiten oder klar markieren. Sie verstehen es, die Feuer in der Gemeinschaft zu entfachen und die Menschen auf Wachstumspfade zu locken.

Älteste verbinden die Jüngeren auf unterschiedlichste Weise mit ihrer Abstammung, manchmal bis in steinzeitalte Felder hinein, um etwas vom Menschsein zu verstehen. Die einen halten die Mythen lebendig, andere erinnern Geschichten und Lebenswege der Menschen des Stammes. Sie füttern ihre Leute mit nahrhaften Geschichten. Sie schauen, dass die Menschen in der Zeit beheimatet sind, tief hin zu ihren Wurzeln in der Zeit und weit ins Morgen hinein zu denen, die nach ihnen kommen. Die Ältesten sind über den höchsten Nordpunkt in die östliche Lebensradhälfte gegangen, die dem Sein gewidmet ist. Es geht nicht mehr ums Tun, um das bewusste Gestalten, als vielmehr um ihren Seelenausdruck, um Ausdruck des Lebens selbst zu sein und ums Geschehenlassen.

Es ist wichtig, dass an den richtigen Stellen was eingefordert wird und dass wir das geben, was ins jeweilige Feld unseres Alters gehört. Alles andere ist Überforderung oder unerfüllbarer Auftrag. Was sind denn die Aufgaben der Jungen, der Reifen, der Alten? Was sind ihre Geschenke, was gehört in den jeweiligen Lebensabschnitt und was nicht? Wenn alle an ihrem Platz sind, dann wird es tragend. Um ihn einzunehmen braucht es ein Verständnis davon, was jeder Lebensabschnitt bedeutet, um was es dabei wirklich geht. Manchmal nehmen wir einen Platz ein, ohne dorthin gereift zu sein, einfach weil er essentiell wichtig ist und in einer versehrten Gesellschaft nicht vorhanden ist. Das macht es ungleich schwerer und kann auch nur vorübergehend wirklich gehalten sein.

Die Jungen brauchen die Älteren, die Großelternkraft und die Ältesten mit ihren Erfahrungen für die Wegbegleitung. Sie brauchen sie als Spiegel, als Zeuginnen, für ihre Initiation, für den Segen, für die Weite und die Verrücktheiten und damit der Raum gehütet ist. Die Aufgabe der Alten ist nicht das Tun. Die Alten werden keine Wohnungen weißeln und nicht in Elternfunktionen gehen. Das gehört zur Aufgabe derjenigen aus dem Rotblumenland. Diese werden Raum schaffen, konkretes Tun schenken, Wege freischaufeln, Mittel bereitstellen. Dafür brauchen auch die Alten die Roten, für ihr unterstützendes Tun. Die Jungen und die Reifen werden von den Alten anders beschenkt. Da wird es viel um Wissensschätze und Erfahrungen und um die Qualität des Seins gehen.

Spätestens im Altwerden, wenn unser Tod unausweichlich spürbar wird, klopft die Frage nach unserer tiefsten Wahrheit an. Noch einmal werden wir in neue Aufgaben hineinwachsen und damit in eine geweitete Identität. Obwohl wir kaum welche finden, denen wir dabei zuschauen können, können wir doch füreinander da sein und die Prüfungen und Fragen, Herausforderungen und Freuden des Altwerdens bezeugen.
Es braucht die Feuer, an denen Alte sitzen, die ihren Platz als Älteste einnehmen wollen, die bereit sind dafür. Die forschen wollen und ihre Unsicherheit teilen und den Schmerz des Uninitiiertseins. Die neue Wege erkunden und sich in die Zeit hinein erinnern können, wie es einmal war. Es braucht die, die eindeutig kundtun, dass sie Alte sind, die dazu stehen. Trotz aller Versehrtheit und Uninitiiertheit. Die wissen, dass sie trotz allem was zu bieten haben. Wir können die neuen, selbstermächtigten Ältesten sein, im Wissen, dass sich ein Potenzial entfalten kann, das in unserer Gesellschaft kaum sichtbar ist.
Wenn die Alten immer wieder mit den Jungen zusammen am Feuer sitzen, wird es inspirierend sein für beide. Einander entdecken, verstehen, wertschätzen lernen und das sich Befruchten kosten. Denn die Schwingung von Jung und Alt ist ähnlicher als zu den Reifen im mittleren Alter. Weiß und Schwarz sind verwandter. Es gibt etwas Gemeinsames und das ist radikal, wild, frei und wanderlernend. Die Wanderin ist weiß oder schwarz. So wäre es, wenn die Jungen und die Alten wirklich in ihrem Feld und dessen Weisheit beheimatet sind.

Wenn sich die Silberfüchsin ihrer Selbst bewusst ist, öffnet sich auf geheimnisvolle Weise der Zugang ins weiße Land der jungen, wilden Jägerin. Dort verbindet sie sich mit dem freien Sommermädchen. Im Weißblumenland kann die Alte die ganze Kraft des Sommers zu sich holen, staunend, spielerisch, unbekümmert und wild sein. Im Schwarzblumenland gibt es den Weg in den jungen Frühling, weil sich der Kreis dort schließt. Jung und alt inspirieren sich, wechselseitig. Beide brechen auf in neue Lebensformen, neue Identitäten. Beide hinterfragen Normen, Konventionen, Gesellschaften und beide sind im besten Fall bereit für radikale Gemeinschaftsvisionen.

Als Weggefährtin einer anderen Generation lasst uns zärtlich und undogmatisch sein. Lasst uns das schenken, was wir wissen und zu geben haben, lasst es uns freigeben, damit es die Jungen weiterspinnen können, auf ihre Weise, in ihrem Sinn. Lasst uns großzügig sein. Es wird eine neue Beziehungsweise sein, eine, die wir möglicherweise nicht kennen.
Wir können ihre Geschichten bezeugen, gelassen und humorvoll und ihre Geschichten in einem größeren Zusammenhang sehen und es ihnen spiegeln und so Weite und Sinnhaftigskeitsperlen schenken. Die weit gegangenen Wege der Ältesten lässt sie über sich hinausdenken. Es ist ein anderes Beheimatetsein in den Lebens-, den Naturrhythmen. Sechzig mal den Sommer verabschiedet, siebzig mal über den Winter gekommen, das sind große Erfahrungsschätze, die Trost geben und denen wir vertrauen können.

Älteste stehen den Jüngeren bei. Sie füttern sie mit Erinnerwissen. Sie geben Perspektiven, weil sie die Lebenswegerfahrung haben. Weil sie ihr eigenes Leben reflektiert haben und in Frieden damit sind. Beispielhaft leben sie Schwarzblumenqualitäten, so, dass andere beflügelt sind. Sie streuen Samen und sie haben Zeit. Die Ernte ist für andere gedacht, an die glauben sie. Sie wissen, was es heisst, in weisen und machtvollen Traditionslinien zu stehen und den Rückhalt von tausend Generationen zu haben. Nicht umsonst rufen die altaischen Schamaninnen, die Maori, die BuddhistInnen und andere vor Ritualen und Zeremonien die Traditionslinie auf. Sie stellen sich bewusst in die Traditionslinie und wissen ihre LehrerInnen, Ahnen, die Kräften des Landes und ihre Spirits hinter sich. Mit all den Kräften wirken sie, heilen, segnen, was auch immer. Älteste hüten die Traditionslinien, öffnen die Wege und die Verbindung dazu.

Die Alten sind gerufen, die vom wilden alten Feuer, die den Jungen den Weg aus den engen Boxen zeigen. Die ihnen sagen wie wunderbar sie sind wie sie sind. Die neue Wege gehen und dabei wissen, was es zu bewahren gilt. Die um ihr großes Vermächtnis wissen und es weitergeben. Die gefährlich sein können und das auch kundtun. Die andere inspirieren, nach Belieben kreativ zu sein. Die als verrückte Weisheitslehrerinnen durchs Land ziehen und unmerklich Wachstum fördern. Es sind die Großmütter, die gerufen sind, wie die in den Märchen. Wie Baba Yaga in ihrer ganzen Yagahaftigkeit, rauh und zärtlich, wild und weise. Die Alten sind gerufen, sie, die um den Traum der Erde wissen und ihn hüten. Sie, die ab und an seltsame Zeichen in die Luft malen und dabei die Muster des Kosmos abgehen. Oder wie Großmutter Schnee aus Mexiko mit ihrem Schneewehengewand und den glitzernden Kristallen im Haar. Sie, die Kälte bringt, Schmerzen lindert und Unheilvolles vergessen lässt.

In Märchen finden wir die Verbindung von der Alten und den Jungen. Da machen sich die Jungen auf, die Weise Alte zu finden. Oft müssen sie weit in die Wildnis, die Wälder hineingehen, um sie zu finden. Sie begegnen ihr zunächst einmal in Gestalt einer Eule, einer Wölfin oder einer Schlange. Wenn es Zeit ist, finden sie ihr Haus und werden eingelassen, um dann seltsame Aufträge zu bekommen und scheinbar banale Dinge zu tun wie Holzholen, Abspülen oder nichts tun. Die Alten haben eine wundersame Weise zu lehren. Sie locken und irritieren, sie lassen die Zeit für sich arbeiten und schicken die Jungen hinaus, um von einer weitaus größeren Lehrerin zu lernen, der Natur. All das sagen sie natürlich nicht. Das gilt es selbst herauszufinden.

Wenn wir heute als Alte mit den Jungen unterwegs sind, dann hüten wir vielleicht ihre Visionssuchen oder ihre großen Reisen irgendwo in der Welt. Sie wissen, dass es da eine gibt, die auf ihrem Altar einen Zettel mit dem Namen der jungen Gefährtin hat. Dass sie im Herzen der Alten bedacht ist. Wir begleiten Lebenswege und möglicherweise ist es eine Gefährtinschaft fürs Leben. Die Älteste ist nicht wirklich mütterlich und sie ist keine Freundin im herkömmlichen Sinn. Sie ist Gefährtin auf eine ganz eigene Weise. Diese geheimnisvolle Verbindung der Alten und der Jungen in den Märchen ist auch eine Beziehung, die einzigartig ist. Es braucht ein Zueinanderfinden und erkunden, was wir füreinander sind. Es ist für beide neu, wir erinnern uns und doch braucht es ein für unsere Zeit passendes Miteinander. Wir leben manchmal weit auseinander und wir haben keine lebendigen Beispiele um uns herum. Das heißt, wir sind dabei, uns als Älteste und junge Gefährtin neu zu erfinden. Da steckt eine große Freiheit drin.

Eine Schwarzmondkette

Eine der Alten hat mir von Perlen erzählt und einer Wertschätzungskette für den langen Weg mit den Schätzen und den Narben und dem Funkeln im Morgen. Und so habe ich sieben weiße, sieben rote und sieben schwarze Perlen gemacht.

Die sieben roten Perlen sind für meine Gaben, meine Talente, mein Vermögen und meine Medizin. In jüngeren Jahren hätte ich sie gar nicht wirklich benennen können. Nicht so präzise zumindest und auch die Medizin nicht, die sich erst im Älterwerden wirklich gezeigt hat. Sie haben Namen wie die Närrinnenperle für meinen Humor oder die Künstlerinnenperle für meine Kreativität. Eine Perle des Wurzelwissens gibt es und ein Perle für die Lehrende und dann noch welche. Sieben wirkliche Schatzperlen zu finden war eine intensive Arbeit.
Sieben schwarze Perlen sind aufgefädelt für Lebensgeschichten, wo ich Wunden in Kraft verwandelt und die Medizin daraus gezogen habe oder wo ich das Gold meiner Geschichten gehoben habe. Die meisten dieser Perlen sind Freiheits- und Friedensperlen. Lange bin ich meinen Lebensweg abgegengen, vor und zurück, um diese Perlen zu finden.
Dann gibt es sieben weiße Perlen für meine Visionen, Träume, Wünsche. Es sind Samenperlen. Eines ist eine Schwarzmondperle, auf dass mir das alte Feuer im Schwarzblumenland tiefe Heimat ist.

Eine ist für meinen angstfreien Tanz mit Santa Muerte und allem, was das Leben noch vorhat mit mir. Die letzte der weißen Perlen ist dafür, dass ich einmal mit einem Lächeln auf dem Gesicht und aus der Autonomie heraus, sanft aus dem Leben gehe.
Mit dieser Kette ehre ich mich und meinen Weg. Ich trage sie zu bestimmten Anlässen und manchmal hat es was von einer Mala. Wenn die Perlen durch meine Finger gleiten spüre ich Kraft und Freude und eine große Ruhe in mir. In jungen Jahren hätte es noch gar nicht genug in Kraft verwandelte Wundengeschichten gegeben. Und auch für die Visionen wäre ich viel kürzer gesprungen. Im Älterwerden hat es eine Weite bekommen und das Wissen um mein Vermögen und die Geschichtenheilweise ist ungleich tiefer und komplexer geworden.

Wenn die Alten beisammen sitzen und sich erzählen, für was ihre Perlen stehen, ist das ein großes Geschenk an die anderen, es ist ein Wertschätzungs- und ein Freudenfest.

Der Lebensmantel

Es liegt ein Mantel um unsere Schultern, unsichtbar, spürbar, reich. Lebenslandkarten sind eingewebt aus Fäden verschiedenster Farben und Beschaffenheit. Jeder Mantel ist so einzigartig wie die, die ihn tragen. Alles ist eingewebt, unser Lieben und unser Vermögen, unser Wissen und unsere Weisheit. Er ist gewirkt aus all den Fäden unserer Verbindungen, Fäden aus vielen Sommern und Wintern, aus Frühlingskraft und Herbstweisen. Für alle Jahresringe kommt etwas hinzu. Die Farben des Landes fliessen ein und die Geschenke all unserer Verbündeten. Wie der Mantel von Allerleirauh ist der Mantel voll von Geschenken derjenigen, mit denen wir verbunden sind, mit der Kraft unseres Totems und den fein gewirkten Gespinsten unserer Spirits.
Ahnenalte Wege zeichnen sich ab, hauchfein, kräftig, vielgeschichtet. Sie haben ihren Platz. Geheime Geschichten sind in den Saum gestickt und in den Manteltaschen schlafen Träume. Manch ein Mantel funkelt, ein anderer ist fast wie Nebel oder Wasser, wieder ein anderer weht so leicht im Wind, als wäre er aus Licht und Sternenstaub gemacht. Es gibt Mäntel mit dem Duft von Bergen und Erde, von Wald und Seen.
Schätze und Narben, Medizinen, Herzblut, all unser Gewirktes findet Platz im Mantel der Königin. Alles, was wir geliebt haben, schenkt uns einen Faden, ebenso wie alles, was wir freigegeben haben. Unser Blut, unsere Tränen, unser Lachen und Leuchten zeichnet sich ab im Mantel. Es gibt Schattenfäden und Lichtfäden. Über die Jahre wird der Mantel immer eigener und facettenreicher, gespeist von unserem Unterwegssein, von Bewegtheit und Stille, von Leben in all seiner Vielfalt. Die winteralte Königin hat einen geschichtenreichen Mantel.

wanderlernend

Von jungen Wandernden werde ich gefragt: „Wo lebst DU im Moment?“ Dieses „im Moment“ zaubert ein Lächeln her. Es birgt die Kraft der Wandlung. Eine Momentaufnahme vom Unterwegssein. Wandernd oder sesshaft, mobil ohne Immobilie? Was für kostbare Fragen der Jungen.
Vieles ist wieder offen im Älterwerden. Vieles freigeben, von dem ich dachte, dass es Bestand hat – die Herausforderung dieser Zeit. Die Wanderin erwacht und ist dabei, neue, vielleicht sehr alte Wege zu gehen. Die Sinnfrage hat dabei längst an den Leitstern des Lebendigseins übergeben.
Neu lernen, neue Wege der Lebensstudierenden beschreiten – wanderlernend sein. Ob im Älterwerden wieder etwas vom Jungen, Wilden kommt? Mit der Radikalität, dem Freien, dem Aufbruch, dem Suchen und Finden von neuen Wegen? Ist es ein Kreis, der sich schließt? Vielleicht ist der Geist des schwarzen alten Lebensfeuers dem jungen weißen Lebensfeuer viel ähnlicher als ich dachte.

Fragen im Wind

Der Ruf des Lebens ist unabhängig vom Alter. Im Älterwerden ruft es einfach nach woandershin als in jungen Jahren. Und doch sind es immer dieselben Fragen. Es beginnt meist mit der Frage, ob wir wirklich etwas gehört haben. Dieses: Ruft da was? Klopft es an der Tür? Wäre ich bereit, den Ruf zu hören? Oder das Klopfen an der Tür? Höre ich wirklich einen Ruf? Was ruft? Was wartet da draussen auf mich? Muss ich es wissen? Jetzt schon? Ist es Zeit, mein altes Zuhause zu verlassen? Vielleicht zum vielten Male, wenn wir den Rufen des Lebens gefolgt sind. Wo sind die Antworten? Oder geht es um die Fragen? Fragen im Wind.

Werde ich auch dieses mal dem Ruf folgen? Ohne zu wissen, was auf mich wartet? Ich frage den Winterwind. Was steht mir denn im Weg? Will noch was beendet werden? Ist noch was unerfüllt? Noch was offen? Was will gehört und gesehen werden bevor ich aufbreche? Habe ich Angst vor dem, was ruft? Vor dem Unbekannten? Vor mir in diesen wilden alten Landstrichen?

Und draussen dann, wandernd, frag ich mich: Wo geht´s lang? Um was geht´s eigentlich? Um was geht es wirklich am alten Feuer? Muss ich es wissen? Jetzt schon? Oder ist es der nächste Schritt, um den es geht? Fragen an den Wind. Vertraue ich mir und dem Leben? Lausche ich, wandernd, meiner gelebten Geschichte und den Geschichtenwegen meines Morgen? Werden mich die Antworten eines Tages finden? Werde ich in sie hineinwachsen? Werde ich einmal wissen, worum es geht? Ja. Antworten im Wind.

Ein weises Dorf

Für hilfreiche Antworten – Wie wäre es, wenn wir ein weises Dorf imaginieren? Eines, in dem es Gemeinschaftlichkeit und Älteste gibt. Alle Fragen und Themen können wir dorthin tragen. Wenn ich mit meinen Gefährtinnen Wege und Themen bebrüte, kommt es mittlerweile immer öfter vor, dass eine sagt: „Lass uns mal in unser Dorf gehen." Dort finden wir gute Antworten. Es ist die Kollektivperspektive, die uns hilft. Wir verorten uns im Dorf. Wir schauen zu, wie es gehen kann und werden Teil davon. Wir docken uns an Weisheitsfelder an und durch unser Dorf beginnen wir zu verstehen, was es bräuchte und was uns fehlt. Es ist immer eine gute Standortbestimmung. Wir sitzen im Rat dabei, sind Teil des Ganzen oder ziehen innerhalb des Dorfes um, wenn die Zeit dafür gekommen ist. Darüber haben wir viel von gehaltenen Räumen verstanden. Die braucht es gerade in Zeiten von Geburt und Mutterschaft, von Tod und Trauer und im Alter. Wie wenig gehaltene Räume gibt es bei uns hier. Wir sind so vereinzelt, so ausgeliefert gerade in heiligen Schwellenzeiten. Würde ich mit meinen Gefährtinnen real in einem Dorf leben, hätten wir, weil ungeübt, sicher viel Gezacke.
In unserem Weisheitsdorf ist es anders, denn da sind wir im Feld einer initiierten Gemeinschaft, die geübt ist im Gemeinsinn. Dort werden Räume und Übergänge gehalten. Wir sind Lernende dort, die hineinwachsen und sich weiten. Vielleicht beheimaten wir uns einmal in dem Geist einer weisen Gemeinschaft.

Ein Beispiel aus unserem Dorf: Als Ältere wollen wir eine Dreamquest anbieten. Sie soll über dreizehn Monde gehen. Das ist eine lange Zeit und ein gewichtiges Versprechen, den Raum dafür zu halten. Das Leben ist fragil und was, wenn eine von uns ausfällt. Sie wäre nicht zu ersetzen. Eine neue Begleiterin kennt die Questfrauen nicht und ihren bereits gegangenen Weg. Wir fragen unser Dorf. Da sieht es ganz anders aus. Es ist der Blick auf etwas, das uns hier abgeht – die räumliche Nähe, wir würden uns untereinander kennen und miteinander leben. In unserem Dorf wäre es leicht, den Stab an andere Ältere zu übergeben, denn sie alle kennen die Questfrauen und auch die, welche die Quest gerade begleiten. Und die Frauen würden auch die eingesprungene Älteste kennen und sich ihr anvertrauen können. Für alle wäre es leichter, machbarer, es wäre ein sanftes Übergeben. In unserem Dorf wäre ich sofort bereit, eine neue Dreamquest zu begleiten, weil ich mich sicher fühlen würde und alle in guten Händen wüsste. Ich dürfte ausfallen, das beruhigt ungemein.
Manchmal kann ich etwas herüberholen von meinen Erkenntnissen aus dem Dorf und manchmal anerkenne ich, dass es zu herausfordernd ist unter den Umständen hier und lasse es los. Gerade in Zeiten von Antwortlosigkeit oder wenn mir alle Weisheitsfunken abhanden gekommen sind, finde ich in unserem Dorf Halt und Wärme und gute Antworten für den scharfen Blick.

Der scharfe Blick

Was sind die Gaben der Großmütter, der Disen, der Mütter des Stammes? Sie geben ihr Wissen weiter. Sie sind weise Ratgeberinnen und kostbare Inspirationsquelle. Die Alten sind lange Lebenswege gegangen, sie haben viele Jahresringe. Sie halten die Verbindung ins Ahnenfeld. Einstmals lebten die weisen Alten an der Schwelle, im Grenzland, nahe an anderen Welten. Dort, wohin ihre Reise in absehbarer Zeit gehen würde. Als wichtige Reisebegleiterinnen führen sie uns in die Geheimnisse des Lebens ein. Ihr Wurzelwissen stärkt und schützt uns, gerade in Zeiten, in denen wir uns entwurzelt fühlen und in uns selbst nicht beheimatet sind. Was, wenn die Alten ihr Potenzial nicht entfalten, wenn sie alt und doch nicht weise sind? Können wir sie ehren und in ihnen trotz allem die weise Alte erahnen? Können wir ihnen für ihr gelebtes Leben liebevolle Achtung entgegenbringen, unabhängig davon, ob sie ihre Schöpferinnenkraft entfalten konnten oder nicht? Es gibt so viel Missachtung, Armut und Einsamkeit von alten Frauen. Wie viele in unterschiedlichen Graden versehrte Mütter und Großmütter prägen unsere Frauenwege, wie wenige Geschichten werden von unseren Ahninnen erzählt, wie wenig wissen wir darüber, was sie dachten, was sie leisteten, was sie konnten und wussten oder was ihre Träume waren. Ihre Vermächtnisse wurden für nicht wichtig befunden, totgeschwiegen, zerstört oder, wenn sie bedeutend waren, oft von anderen vereinnahmt. So wurde uns viel vom Erbe unserer Ahninnen genommen. Was hätten sie uns alles schenken können an Lebenserfahrungen, an Wissensschätzen an Überlebenskünsten, an Schöpferischem.

Die Greisin in der U-Bahn, die etwas verwahrlost und scheinbar verwirrt Müll einsammelt und dabei vor sich hinmurmelt, könnte eine der großen weisen Ratgeberinnen im Kreis der Ältesten sein. Vielleicht ist die alte Frau an der Supermarktkasse eine mutige Kriegerin, die Bettlerin am Straßenrand eine Zauberin, die Frau im Altersheim eine selbstbestimmte Liebende. Unsere Achtung wird die Kraft der Alten stärken und so unsere Wurzeln festigen.

Die Weise Alte und ich. Oftmals bin ich auf der Suche nach *weise*, weil es sich beizeiten unsichtbar macht. Eigentlich öfter mal. Und auch der heilige Zorn verliert sein *heilig* des öfteren. Die beiden sind nicht willentlich herbeizurufen. Wo sich *heilig* und *weise* in solchen Zeiten aufhalten ist mir schleierhaft. Dann bin ich eine Alte, die mal wütend, mal angepisst, mal gleichgültig ist. Eine, die sich die Zeit mit banalem Zeug vertreibt und auf vieles keine Antworten hat. Sie schaut anderen Alten zu und findet die Herausforderungen gewaltig.
Wie anders war es in unserem Dorf vor langer Zeit, in Alteuropa oder so. Manchmal besänftigt es sich in mir, wenn ich die Versehrtheit dieser Gesellschaft anerkenne. Wenn ich darum weiß, werde ich nicht ständig falsche Hoffnungen hegen und Enttäuschungen ernten. Der klare Blick desillusioniert und lässt andere Wege suchen. Erinnerwissen und das Anerkennen von dem, was ist, stärkt.
Ich will unbedingt nochmal ein Leben leben, in dem die Alten geehrt werden, gefragt sind, eingebettet in eine tragende Gemeinschaft. Bis dahin speise ich die „Alt werden ist ein große Herausforderung in uninitiierten Gesellschaften"-Erfahrung ein ins Allganze. Ich will das Erinnerwissen, das Närrinnenlachen, den Matrigeist hüten und in die Welt geben. Es sind Samen für kommende Leben.

Eine große Herausforderung ist die Körperebene. Sie setzt neue Grenzen. Was ist, wenn die Körperebene im Älterwerden übernimmt? Schon bei kleineren Körpererschwernissen wie Zahnschmerzen oder gripplig Sein merke ich, wie ich immer mehr vor allem ein Körperwesen bin. Die spirituelle Praxis verliert sich da schnell. Es ist wie ein Körperüberlebensmodus, der alle Energien bindet. Das Bild der Weisen Alten war in jungen Jahren stark. Im Älterwerden bekommt es viele Fragezeichen. Als junge Alte wollen und können wir noch stark wirken, da sind wir körperlich und mental wahrscheinlich noch gut in der Kraft. Kommt auch von diesem Wirken einmal ein Verabschieden, ein Zurückziehen? Dazu vielleicht mehr beim Update in ein paar Jahren.

Ein uralter Pfad
erzählt von Weite und Wind
ich bewohne mich

Unsere Körper verändern sich. Die Lebenslinien in den Gesichtern werden prägnanter. Die Augen erfassen mehr das Ferne. Vielleicht, weil unser Ahnen und Sehen in die Weite geht und das Nahe bekannt ist. Weitsichtig werden. Wir können die näheren Umstände erfassen und weiterschauen, nicht nur mit den Augen. Wir nehmen mehr Raum ein körperlich. Die Haut wird dünner, das lässt uns gespüriger werden. Wir leben auf größerem Fuß. Bis zu drei Schuhgrößen kann es sich weiten, gerade bei Tänzerinnen oder Wanderfrauen. Wir werden raumeinnehmender, größer, gewichtiger. Die Substanz nimmt zu und es wird feiner, wie die Haut. Wenn es eine ganz lange Zeit ist, die wir im Schwarzblumenland verbringen, dann lassen wir oftmals zum Schluss hin unsere Substanz und Körperlichkeit immer mehr los, wir verflüchtigen uns langsam, werden leichter, zarter, bis wir schließlich den Fuß ins Ahnenfeld setzen.

Wie sieht es mit den Befähigungen im Schwarzblumenland aus, wenn wir gereift und wirklich an den alten Feuern angekommen sind? Was vermögen die Silberfüchsinnen mehr denn je? Durch die große Erfahrung von Leben fällt es ihnen leichter, ausgewogen und besonnen zu urteilen. Sie sind bestens geeignet zu schlichten, weil es ihnen zur Verfügung steht, ganz verschiedene Perspektiven einzunehmen. Das lässt sie sicher und in kluger Voraussicht abwägen. Das Echoloten ins Morgen hinein ist erwacht, was heisst, dass auch die Unwägbarkeiten berücksichtigt werden. Es ist ein anderes Wissen um das nicht vorher Sehbare, um das Fragile des Lebens, gespeist aus vielen Jahrzehnten. Vom Scheinwissen haben sich die Alten längst verabschiedet. Ihr weisheitsbezogenes Wissen dagegen haben sie vergrößert. Wenn unser Dorf, unsere Gemeinschaft fragt, was unsere Schwarzblumenpläne sind, wo wir uns sehen, was ruft – wo sehen wir uns da? Welchen Platz möchten wir gerne einnehmen? Was möchten wir da zur Verfügung stellen? Würdest Du gerne Recht sprechen? Oder lehren, Deine Sichtigkeit schenken, Schmerzspieglerin sein oder Visionen aus den Wolken pflücken? Was wären gute Umstände dafür? Für welche Passagen unseres Wirken wünschen wir uns Unterstützung? Je kühner und freier wir an unser Sein und Wirken am Schwarzmondfeuer hindenken, umso mehr Energie bekommt es in der Umsetzung.

Häute werden runzliger, Falten durchziehen Gesichter, Silbersträhnen erscheinen im zausliger werdenden Haar. Wie schön und ausdrucksstark werden so manche Alte über die Jahre, gerade wegen ihrer teils finsteren Blicke und wegen ihrer hinreißend eigenen Lebendigkeit. Oder wenn ihnen das Wilde ins Gesicht geschrieben steht. Samt den intensiveren und veränderten Körpergerüchen. Furchen und Runzeln ehren, in blitzende Augen schauen, eine Warze entdecken, schlohweißes langes Haar wehen sehen. Älter und wildnatürlicher werden, wölfischer, bärinhafter, erdkrötengleicher.

Die Schönheit und Würde des Alters, wo finde ich sie? Manchmal ist es nicht einfach, allen Medienbildern zum Trotz, die Altersspuren einfach hinzunehmen und den Bildern von alt und faltig meine eigenen Bilder entgegenzusetzen, um die Lust am Älterwerden zu nähren. Wenn wir gerufen werden, um auf dem Jahrmarkt des Jugendwahns den aussichtslosen, unsinnigen und krankmachenden Kampf gegen die sichtbaren Zeichen des Älterwerdens anzutreten, dann lasst uns nicht hingehen. Das ist heilsam. Bringen wir uns selbst Respekt entgegen. Ich werde älter, das ist zu sehen und ich bin sterblich. Die Endlichkeit wird fühlbarer. In den Falten meiner Lebenslinien ist viel zu lesen. Ich habe Verluste erlitten und ich habe Fehler gemacht. Das gehört dazu, dadurch habe ich gelernt. Die Verantwortung für mein Leben habe ich, je älter ich wurde, immer weniger abgegeben. Innerlich reise ich gerne und viel. Ich knüpfe Fäden, pflege Verbindungen zu anderen Ebenen, zu den Ahninnen, den Spirits. Ich studiere die kosmischen Pläne und meinen Platz darin. Ich erkunde immer neue Wege und ich trage meine verlorenen und unbekannten Teile zusammen. Die inneren Welten dehnen sich immer mehr aus. Es gibt so viel zu tun, dass für Zeug, das schwächt, keine Zeit ist. Um meinen Verwaltungsapparat herunterzuschrauben, specke ich an Materie ab. Aussortieren, auslichten. Was gehört zu mir, mit was will ich mich umgeben, was ist unnötig?

Wenn wir als Alte abends vor dem Haus sitzen, dann geben wir uns einen ehrenvollen Titel für unsere Unbeirrbarkeit und unser Eigensein. Lasst uns unsere Jahre der Weisheit an gut gehüteten Feuern verbringen.

Ein neuer Lebensabschnitt bringt Neues. Im Schwarzblumenland entdecken, entfalten wir uns als *Crone*, als Alte, als Älteste, bevor wir den Schritt zur Ahnfrau machen. Innenzeiten werden bedeutsamer, Rückzugszeiten und die Zeiten des All-Eins-Seins. So manches verändert sich. Im Älterwerden ist es mir immer wichtiger geworden, alleine zu schlafen – Katzen ausgenommen. Es rufen die weiten Spaziergänge alleine. Ich brauche mehr Zeit für mich. Für so manches, was selbstverständlich war, stehe ich nicht mehr zur Verfügung. Weniger tut gut, weil etwas Neues wartet. Da brauche ich nicht mehr vom Gleichen. Es wartet ein anderer Platz in einem neuen Selbstverständnis. Ich will ihn einnehmen.
Wenn wir es nicht schon können, spätestens im Altfeuerland lernen wir die Kunst des Sterbens. Es kann ein gutes, ein befreiendes Sterben sein. Wir spüren etwas davon, wenn wir unser Besitztum aussortieren und Überflüssiges loslassen. Oder wenn wir den Wohnraum verkleinern und uns aus Tätigkeitsfeldern zurückziehen. Mit leichtem Gepäck unterwegs zu sein ist wahrlich erleichternd. Dafür wird anderes im Gepäck mehr – das Freimütige, die Urteilskraft, das kühne Infragestellen von dem, was um uns herum passiert, die magischen Kräfte und noch einiges. Wenn eine gut unterwegs ist mit sich und andere sie zu kantig, irritierend oder sonst was finden, dann sagt sie: „Ich verstehe etwas von Würde und ich fordere Respekt. Lieben brauchst Du mich nicht, das tue ich schon selbst."

Geflickt

Flicken – ich werde Gewebe, das zerschlissen ist, sichtbar flicken. In anderer Farbe, großzügig und mich im Unvollkommenen und Vergänglichen zeigen. Die alten Kittelschürzen, die ich geschenkt bekommen habe, sind alle geflickt und darin ist eine große Schönheit. Die Zerbrechlichkeit von textilem Material ebenso wie die Risse vom Gewebe der Gesellschaft wollen gewusst und gesehen sein. Kein Verschleiern, kein möglichst perfektes Überdecken von Löchern, Wunden oder Narben.

Mein geflicktes, lange getragenes, geschichtenvolles Gewand ist intimer als perfektes, neu erworbenes. Es braucht ganz individuelle Lösungen für jedes Loch und so wird es immer mehr eine Persönlichkeit mit mehr Ausdruckskraft, ein kostbares Einzelstück. Im Älterwerden bin ich zunehmend mehr bereit, Abnutzung und Auflösung und auch Sterben zu vertragen. Ich werde ja den geflickten Dingen auch immer ähnlicher. Es hat eine Natürlichkeit und darin ist die Wirklichkeit gut eingebettet.

Vergänglichkeit – alle Dinge sind vergänglich und alle Tricks, es nicht wahrhaben zu müssen, brauchen viel Lebensenergie. Genauso das Problem mit der Unvollkommenheit oder Unvollständigkeit – alles hat irgendwie Mängel und Fehler. Flicken ist ein Friedensakt mit dem Unperfekten. Etwas tragen, das die Vergänglichkeit des Lebens verdeutlicht und das genau deshalb so poetisch-zerbrechlich-schön ist.

So wie mein Körper Zeugnis ablegt von den gegangenen Wegen, so ist es auch beim Gewand und auch bei allen anderen Gegenständen um mich herum. Indem ich sie flicke und weiter verwende, wertschätze ich sie.

Kostbares Altes

Länger schon steht die Schachtel mit den Flickenteilen unbearbeitet da. Eine Tasche, zwei Knöpfe, Lieblingswintersocken. Zeit und Muße müssen mitgebracht werden. Alles wird beim Flicken verlangsamt, entschleunigt. Zeitverloren – wie früher. In Geflicktem, Gestopftem liegt viel Wurzelkraft. Nicht nur, dass Flicknachmittage immer Gesprächsstunden mit Großmutter und Mutter waren, es war auch der Moment, an dem die Teile endgültig und sichtbar ganz individuell wurden. Löcher in Hosen kunstvoll umnähen, Flicken auf Kittel setzen, Geflicktes kultivieren. Für jedes Teil musste eine ganz eigene Lösung gefunden werden, es entwickelte sich zu etwas Besonderem. Von Flickstelle zu Flickstelle wuchs die Ausdruckskraft.

Es gibt einen Verbindungsfaden nach Japan, zum *Wabi Sabi*. Dabei geht es um ein sehr komplexes ästhetisches System, innerhalb dessen Dinge umso kostbarer und ästhetisch wertvoller werden, je länger sie in Gebrauch sind. Dieses besondere Wertgefüge ist etwas sehr Altes, das auch unsere Ahninnen gepflegt haben. Ein Ding wird geschaffen, es geht Richtung Alter, gezeichnet von den Spuren des Lebens. Es ist der Weg aller Materie. Farbveränderungen, Nachdunkeln, Ausbleichen. Ein Riss, ein Loch, Wind- und Wettergezeichnetes.

Kleider – getragen, benutzt, abgewetzt. Sie können Geschichten erzählen. Wie mein Kinder-T-Shirt, das als Lappen beim Malen Verwendung fand und schließlich selbst zum Bild wurde. Beim Flicken fließt Energie hinein, streichen Hände über das Zerrissene, fädeln, knoten, nähen wieder zusammen. Mit neuer Kraft aufgeladen, viele Male schon. Geschnitten mit der Schere der Großmutter. Die Schneidekraft der Alten ist magisch und bewirkt viel. Ein Großmutterloch, ein Tantenknopf, eine Mutternaht und ein Flicken von mir dazu. Alterungs- und Auflösungsprozesse, bis nichts mehr da ist. Textile Verwandlung. Geburtsstunde.

Aus einer Lieblingsjacke, die zu alt geworden war, ist eine Tasche geworden. Aus einer umgenähten Tasche, die an entscheidenden Stellen löchrig geworden war, ist eine Kitteltasche geworden. Aus einem Kleiderfitzel ist ein Knopf geworden. Weil er der einzige seiner Art ist, ist er ein Schmuckstück geworden. Und es ist ein geschichtenreiches Projekt geworden. Es gibt textile Sammelbehälter, in die Knöpfe, Spitzen, Bänder, Stoffteile wandern, um sich in neuen Zusammenhängen wiederzufinden. Die Verwertschätzung bringt ungeahnte Textilfreundschaften. So wie mein Heimatgewand ein Patchworkgewand ist, genauso wie meine „Heimaten“, so ist mein Bekleidungsbestand ein Patchwork-Flicken-Sammelsuriumsbestand geworden. So ist es mit den Lebensgeschichten, mit den Erinnerungen, Geschenken, Reisewegen. Alles versammelt sich und begleitet mich in Mänteln, Taschen, Röcken. Manche Geschichtenfäden schlafen noch und träumen sich in neue Zusammenhänge hinein.

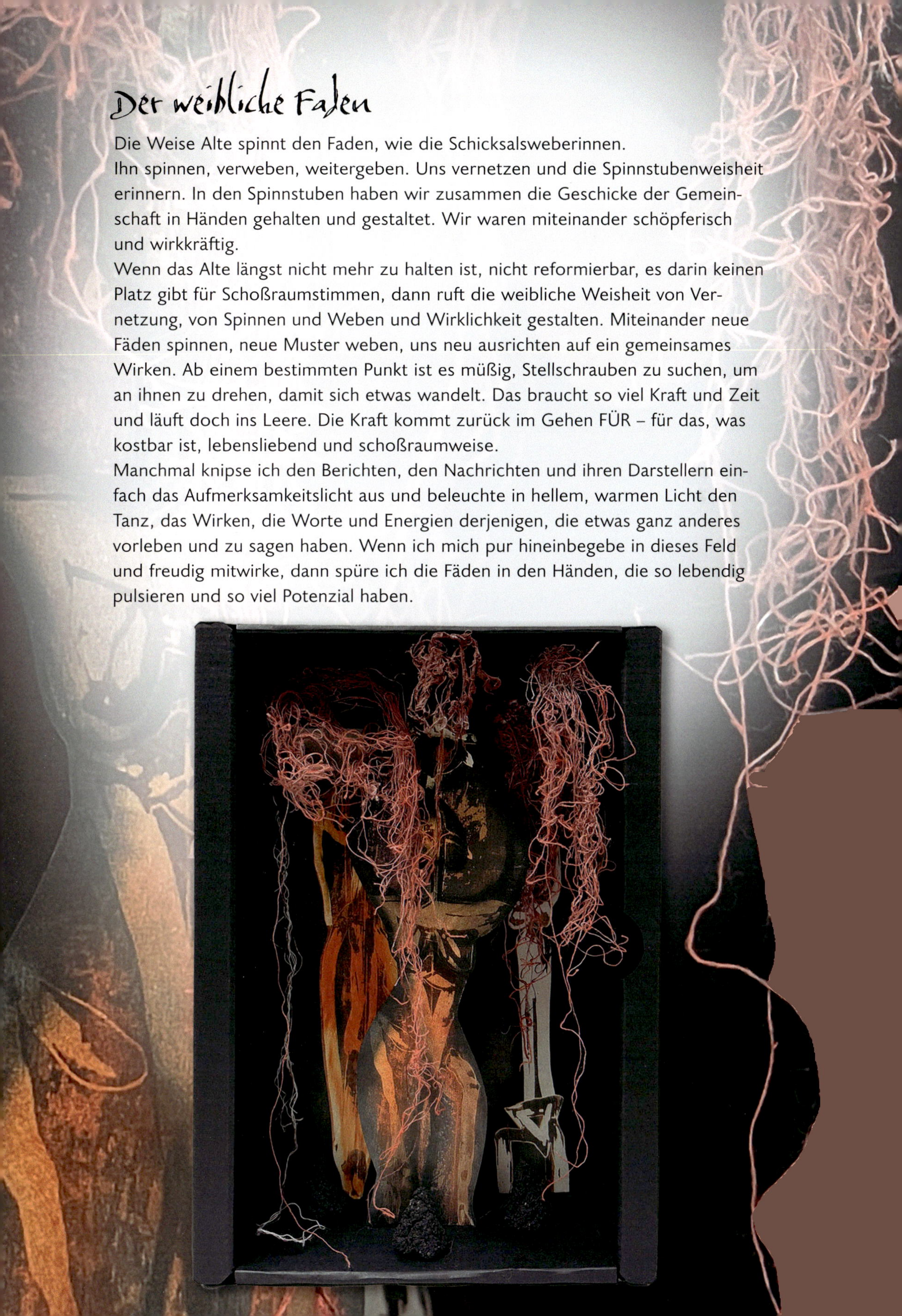

Der weibliche Faden

Die Weise Alte spinnt den Faden, wie die Schicksalsweberinnen.
Ihn spinnen, verweben, weitergeben. Uns vernetzen und die Spinnstubenweisheit erinnern. In den Spinnstuben haben wir zusammen die Geschicke der Gemeinschaft in Händen gehalten und gestaltet. Wir waren miteinander schöpferisch und wirkkräftig.
Wenn das Alte längst nicht mehr zu halten ist, nicht reformierbar, es darin keinen Platz gibt für Schoßraumstimmen, dann ruft die weibliche Weisheit von Vernetzung, von Spinnen und Weben und Wirklichkeit gestalten. Miteinander neue Fäden spinnen, neue Muster weben, uns neu ausrichten auf ein gemeinsames Wirken. Ab einem bestimmten Punkt ist es müßig, Stellschrauben zu suchen, um an ihnen zu drehen, damit sich etwas wandelt. Das braucht so viel Kraft und Zeit und läuft doch ins Leere. Die Kraft kommt zurück im Gehen FÜR – für das, was kostbar ist, lebensliebend und schoßraumweise.
Manchmal knipse ich den Berichten, den Nachrichten und ihren Darstellern einfach das Aufmerksamkeitslicht aus und beleuchte in hellem, warmen Licht den Tanz, das Wirken, die Worte und Energien derjenigen, die etwas ganz anderes vorleben und zu sagen haben. Wenn ich mich pur hineinbegebe in dieses Feld und freudig mitwirke, dann spüre ich die Fäden in den Händen, die so lebendig pulsieren und so viel Potenzial haben.

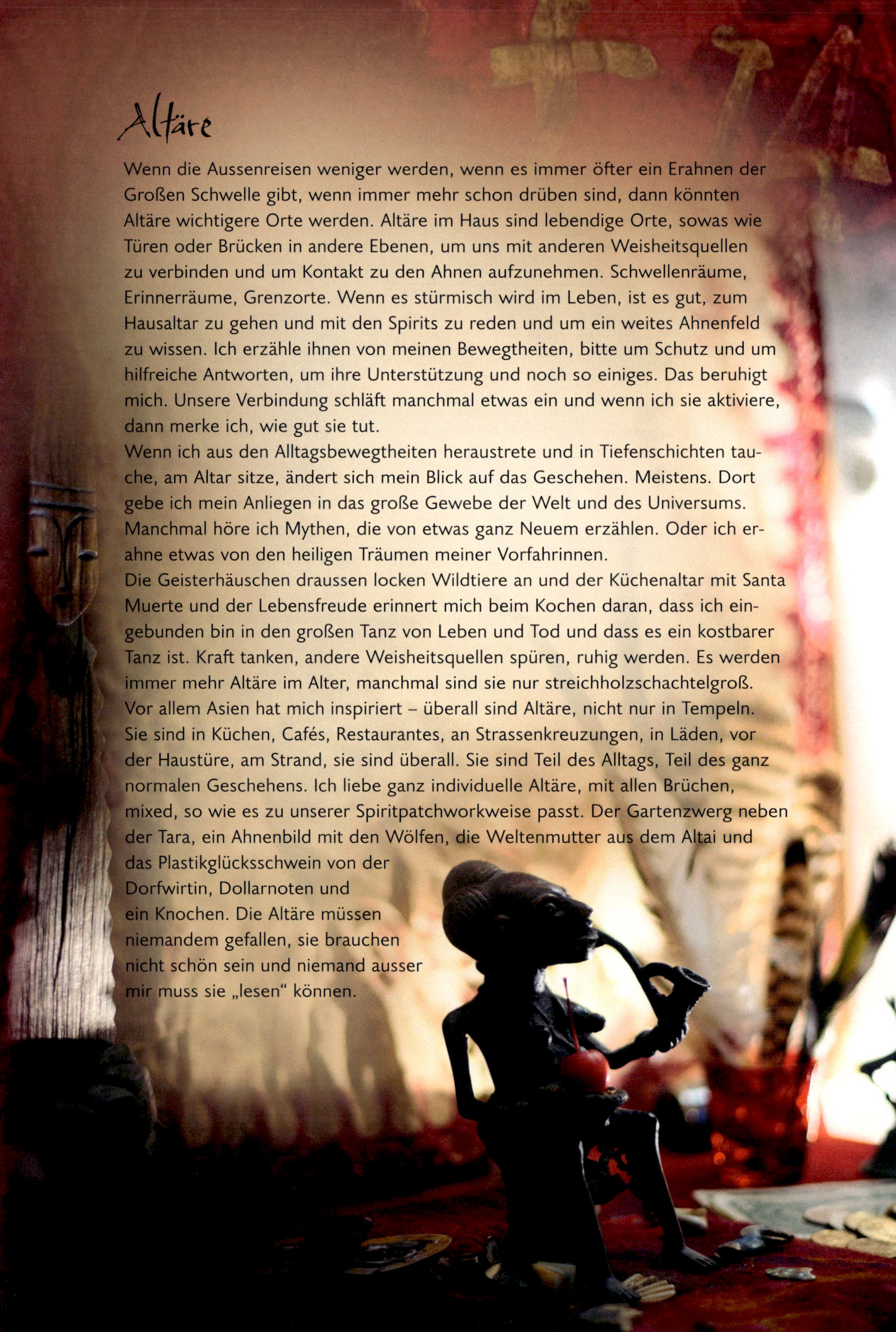

Altäre

Wenn die Aussenreisen weniger werden, wenn es immer öfter ein Erahnen der Großen Schwelle gibt, wenn immer mehr schon drüben sind, dann könnten Altäre wichtigere Orte werden. Altäre im Haus sind lebendige Orte, sowas wie Türen oder Brücken in andere Ebenen, um uns mit anderen Weisheitsquellen zu verbinden und um Kontakt zu den Ahnen aufzunehmen. Schwellenräume, Erinnerräume, Grenzorte. Wenn es stürmisch wird im Leben, ist es gut, zum Hausaltar zu gehen und mit den Spirits zu reden und um ein weites Ahnenfeld zu wissen. Ich erzähle ihnen von meinen Bewegtheiten, bitte um Schutz und um hilfreiche Antworten, um ihre Unterstützung und noch so einiges. Das beruhigt mich. Unsere Verbindung schläft manchmal etwas ein und wenn ich sie aktiviere, dann merke ich, wie gut sie tut.

Wenn ich aus den Alltagsbewegtheiten heraustrete und in Tiefenschichten tauche, am Altar sitze, ändert sich mein Blick auf das Geschehen. Meistens. Dort gebe ich mein Anliegen in das große Gewebe der Welt und des Universums. Manchmal höre ich Mythen, die von etwas ganz Neuem erzählen. Oder ich erahne etwas von den heiligen Träumen meiner Vorfahrinnen.

Die Geisterhäuschen draussen locken Wildtiere an und der Küchenaltar mit Santa Muerte und der Lebensfreude erinnert mich beim Kochen daran, dass ich eingebunden bin in den großen Tanz von Leben und Tod und dass es ein kostbarer Tanz ist. Kraft tanken, andere Weisheitsquellen spüren, ruhig werden. Es werden immer mehr Altäre im Alter, manchmal sind sie nur streichholzschachtelgroß. Vor allem Asien hat mich inspiriert – überall sind Altäre, nicht nur in Tempeln. Sie sind in Küchen, Cafés, Restaurantes, an Strassenkreuzungen, in Läden, vor der Haustüre, am Strand, sie sind überall. Sie sind Teil des Alltags, Teil des ganz normalen Geschehens. Ich liebe ganz individuelle Altäre, mit allen Brüchen, mixed, so wie es zu unserer Spiritpatchworkweise passt. Der Gartenzwerg neben der Tara, ein Ahnenbild mit den Wölfen, die Weltenmutter aus dem Altai und das Plastikglücksschwein von der Dorfwirtin, Dollarnoten und ein Knochen. Die Altäre müssen niemandem gefallen, sie brauchen nicht schön sein und niemand ausser mir muss sie „lesen“ können.

Ein Liebesschrein

Selbstzärtlich werden im Alter. Ein Musenkuss hat dazu geführt, ein Liebesgeschichtenhaus für mich selbst zu machen. Es schien so einfach anfangs und dann kamen seltsame Gedanken mit den Winden und es hat drei Schachteln gebraucht, bis ich lächeln konnte.
Mit den Musen habe ich über diese Idee heftig diskutiert. Es war wie in eine Tabuzone gehen, die ich gar nicht wirklich auf dem Schirm hatte.
Zwischenzeitlich dachte ich an Ikonen und ganz viel Gold, dann fand ich alles kitschig, dann sollte es nicht zu groß werden und letztlich war es selbstzärtlich und bunt und ein bisschen kitschig und grad schön und ein Lachen war da über diese Wanderung durch so viele befremdliche Gedankengebiete. Beim Fotografieren kam plötzlich Elsa dazu und hat ein bisschen Katzenmedizin reingegeben.
„Ich liebe mich. Liebe mich!" das kennt sie und findet es ganz normal. Normaler als wenn es nicht so wäre. Katzen-Teaching.
Ein Altar für mich, ein Liebesschrein mit Wagnissen, wie die Tara neonfarben zu bemalen oder das *Concambralation*, all das hat mich mehr irritiert als ich dachte. Wie gerne würde ich unser aller Liebesschreine und Altäre sehen und bestaunen und die Liebesgeschichten dazu hören. Und welche Namen von uns es da gibt, Namen, die uns lächeln lassen.
Bei mir ist es Cambri oder Cambralina, weil mich Freundinnen so nennen, wenn sie mich grad sehr sehr lieb haben. Manchmal nenne ich mich selbst auch so.

Ja, im Alter möge es selbstzärtlicher werden. Ehren wir uns, lieben wir uns, mit allen Fehlern, allem Scheitern, in unserem Sosein, für unseren gegangenen Weg.

Das Friedenshaus der Alten

Die Alte hat einen langen Atem. Den braucht es, wenn eine für den Frieden gehen will. Weil das unbedingte Gehen dafür leicht mal wegrutscht und ich noch eine junge Alte bin, habe ich ein Friedenshaus gebaut, das mich daran erinnert. Dort verbinde ich mich mit allen friedvollen Kräften, wie mit dem Geist der Herzenskriegerin und ihrem kompromisslosen Gehen für den Frieden. Sie sagt mir: „Geh dafür, bleib dabei, egal, was ist. Trage es durch alle Stürme, hüte es. Geh dafür genauso wie für die Freiheit." Ich gebe ihnen mein Wort. Sie sollen sich auf mich verlassen können. Im Idealfall unter allen Umständen. Ins Friedenshaus lege ich Blumen und Speisen, die Rose der Herzenskriegerin, die Rehmedizin mit dem sanften Mut, ein Bild für die Weite, die Erdenliebe, die spirituelle Beheimatung und Herzkraftverstärker. Es ist ein ziemlich großer Schrein, unübersehbar. Er steht mitten im Weg. So, dass ich ihn nicht NICHT sehen kann. Das Elsa-Kätzlein holt sich gleich mal eine Speise raus und spielt mit der Blume.

Die Weise Alte weiß wie es geht. Sie lässt sich nicht in Kämpfe hineinziehen und nicht vor fremde Karren spannen. Sie weiß, wie Ängste ins Wandelfeuer gehen können. Bis sie wirklich zu Asche geworden sind kann es dauern. Sie waren so gerne in beratender Funktion und sie gehen ungern. Dann gibt es den Hunger und die Tänze, die gar nicht die eigenen sind und in denen wir doch drin sind. All das verengt den Weg zum Frieden.

Was ich immer wieder wach halten will in mir ist, unermüdlich für den Frieden zu gehen. Es braucht mein wirkliches Wollen. Alles unterlassen, was spaltet, was Kriege befeuert. Statt dessen verhandeln, zusammenkommen, reden, dranbleiben, nicht müde werden. Dem langen Atem vertrauen. Unbeirrbar bleiben. Keine Position für oder gegen beziehen. Position für den Frieden beziehen, immer wieder. Alle und alles zu Hilfe rufen, was den Weg zum Frieden breiter macht – die Spirits, weise Ahnen, Älteste und wer sonst noch was beitragen kann. Felder betreten, die dem dienen. Mich nicht hineinziehen lassen in Kampffelder. Visionen säen von einer friedvollen Gemeinschaft, einer befriedeten Welt. Und diese Visionen nicht an schnellen Ergebnissen messen.

Die Weise Alte und die Herzenskriegerin kennen den Schmerz von allen. Sie kennen die Tränen aller in gleicher Gültigkeit. Es wird der Geist des Friedens sein, der die Tränen trocknet.

Für die leisen Töne

Die weisen Schwarzmondfeuer kennen all das, was unserer Gesellschaft verloren gegangen ist. Beispielsweise die leisen und feinen Töne und Haltungen. Dazu zählen „abwägen, behutsam sein, gründlich, bedacht, sorgsam, neutral, verstehen, durchschauen, lauschen, abwarten, hinterfragen ..."
Weil das Laute, das Rasseln, die schnelle Aktion so dominiert, auch in der Wertigkeit, stellt sich doch die Frage, was am „Leisen" so gefährlich ist. Scheinbar ist für Genauigkeit, für´s Überprüfen keine Zeit. Und neutral will kaum jemand sein, da soll es geschwind ins eindeutige Hier oder Dort gehen. Die, die etwas verstehen wollen, haben ziemlich schlechte Karten. Verstehen wollen, nachfragen, überprüfen, das war doch alles mal was wert.
Am alten Feuer wird es wieder weit, da geht es raus aus dem Kasten, da werden Öffnungen kreiert, durchgeschaut und das Dahinter gesehen und in die Weite hinein gespäht. Es ist gut, wenn wir uns dem Lauten verweigern und viel mehr Fragen stellen, wenn wir wissen wollen und hinterfragen was da läuft. Der alte Widerstandsgeist regt sich und je weniger Antworten ich bekomme, desto mehr mache ich mich auf die Findung. Wir können all den Menschen in unserem Leben danken, die uns das gelehrt haben, die uns haben hellhörig werden lassen.

Mono no aware

Zur Blütezeit weht eine japanische Weisheit her. Es ist das Bewusstsein der Vergänglichkeit, das im Älterwerden immer feiner wird. Kirschblüten spiegeln die Schönheit und die Flüchtigkeit des Lebens. Eine sanfte Traurigkeit weht mit den Blüten im Wind her. Zartheit, das Fragile des Lebens, die Schönheit darin, das sind kostbare Momente, die sich zur Kirschblütenzeit auf zauberhafteste Weise schenken. Es ist eine Einladung, das Leben zu feiern und zu genießen und die Freude und das Vergehen anzunehmen. Nichts ist von Dauer. Die Intensität der Augenblicke erspüren. Die Freude in uns bewahren, dass es sie gab, egal wie lang sie waren. Ihnen nicht nachtrauern, sondern sie wie Juwele in uns tragen. Es gab sie, wir haben sie erfahren, haben sie gelebt. Manchmal kommt Wehmut auf, das gehört dazu. Sie dem Wind übergeben. Augenblicke sammeln, Unbeständigkeitsmomente in ihrer Schönheit, flüchtige Momente pflücken und kosten. Die Kirschblüten verwehen im Wind. Lieben und loslassen, willkommen heißen und verabschieden, leben und freigeben. Die sanfte Empfindsamkeit des Unbeständigen bekommt im Alter nochmal eine andere Tiefe, wie der Tanz mit Santa Muerte.

Nach Hause gehen

Es gibt ein Märchen, das Avesta, eine Weise Alte durchleuchtet hat. *Die Bremer Stadtmusikanten*. Als Kind war es mir fremd und auch später konnte ich nicht viel damit anfangen. Im Alter habe ich es wiedergefunden in Avestas Skript zum Sinn der Wechseljahre. Auf einmal hat es seine ganze Tiefe entfaltet. Um dieses Märchen zu verstehen, musste ich alt werden.

Es ist ja auch eine Geschichte vom Altwerden, nämlich eines Esels, eines Hundes, einer Katze und eines Hahns. Man will sich ihrer entledigen, weil sie nicht mehr gut genug funktionieren. Sie tun sich zusammen und ziehen los. Ihr Ziel ist Bremen und sie wollen zusammen musizieren. Auf ihrem Weg kommen sie in einen Wald, wo sie schließlich in einem Räuberhaus landen. Dort ist alles bestens bereitet mit Essen und Feuer und guten Schlafstätten. Nachts, als die Räuber versuchen, das Haus wieder in Besitz zu nehmen, verjagen sie diese, indem sie zusammen ihre Musik machen, wohl schaurig-schön. Die Räuber fliehen und kommen nicht mehr zurück. So haben die Tiere erfolgreich ihr Haus verteidigt und bleiben, weil es ein guter Ort zum Leben ist.

Es ist ein erhellendes Märchen für die alten Feuer. Es geht auch ums Erkennen von Licht und Schatten. Der Esel erzählt davon, was wir geleistet haben. Eine ehrliche Lebensbilanz ist gefragt. Was sind denn unsere Verantwortungen, unsere Pflichten, das Funktionieren und Leisten und unsere Identifikation damit? Die Zeit dafür ist irgendwann um. Der Esel bedient all das nicht mehr, weil er es nicht mehr kann oder nicht mehr will, beides könnte sein. Altersweise legt er und legen wir die alte Haut ab. Da taucht die Frage nach der Musik auf. Was ist die eigene Musik, wie will sie klingen?
Hund und Katze erzählen vom Jagdfieber, von den Verlockungen, denen wir nachjagen. Das kann vieles gewesen sein im Leben. Auch da tut der ehrliche und scharfe Blick gut. Was war es denn? Sowas Einfaches wie Geld und Karriere, Ruhm und Erfolg? Oder die nicht so vordergründigen Dinge wie Abenteuer,

Geliebtwerden, Spaß? Bis hin zu den subtilen Beuten wie Fortbildungen oder spirituelles Wissen. Die Gier danach kann genauso groß sein.
Der Hahn kennt den Größenwahn, er will immer ganz oben sein, schillern, gesehen sein. Dafür ist er bereit, viel zu tun, sich zu verausgaben, seine Grenzen nicht zu hüten. Schnell ist er im Hunger, im Film von anderen und überspielt viel vom wirklich Eigenen.
Gleichzeitig haben alle Tiere wunderbare Fähigkeiten und ihre ganz eigene Weisheit. Der Esel geht für seine Werte und ist stark in seiner Intuition. Er will neues Land betreten und neue Erfahrungen machen. Der Hund kann die Witterung aufnehmen und die richtige Spur finden. Instinksicher kann er auf neue, wilde, lebensfreudige Wege führen. Er ist loyal sich selbst gegenüber. Die Katze schenkt die Sinnlichkeit. Das Leben darf bequem sein und genüsslich gekostet werden. Die Katze begegnet dem Leben lustvoll und mit Hingabe. Der Hahn hat den Weitblick und den Mut, für sein neues Leben zu gehen.

Alle haben eines gemeinsam, sie sind alt geworden und ihr altes Leben stimmt nicht mehr. Blieben sie, würde es sie das Leben kosten. Weil sie leben wollen, ziehen sie los, um einen neuen Platz zu finden und etwas Neues zu tun – musizieren. Sie gehen voller Entschlusskraft und Hoffnung, eigensinnig und beherzt. Ihr Ziel ist Bremen. Das ist ein bisschen wundersam und es stellt sich die Frage: Was ist Bremen? Das Märchen stellt die Frage an alle: Was ist Dein Bremen?

Der Weg dorthin führt durch einen Wald – die innere Wildnis. Der Wald ist unser wildes Seelenland, die freien wilden Zonen jenseits der Zivilisationsangepasstheit. Vielleicht sind es die entlegenen Landstriche unserer Seele, die sich danach sehnen, entdeckt und bewohnt zu werden. Es ist dort, wo wir letztlich in unsere tiefste Essenz kommen. Das Märchen sagt: „Lasst uns ins Herz unserer Wildheit vordringen." Nur so kommen wir nach Bremen, was auch immer für jede Bremen ist.

nach HAUSE gehen

Die Tiere kommen in ein Haus, in ihr Haus. Sie nehmen es in Besitz. So wie wir als Alte nach Hause kommen, wenn wir "in die Wälder", in unsere wilde, alte Seelennatur gehen.

Und wer sind die Räuber? Es ist wichtig, sie ausfindig zu machen. Am leichtesten sind die Aussenräuber zu identifizieren. Es sind alle und alles, was uns unserer Wildnatur beraubt hat, unserer Potenziale, unserer Schoßraumweisheit. Und es sind die schwerer zu erkennenden Räuber im Inneren. Sie wohnen in uns und deshalb erkennen wir sie vielleicht gar nicht als Räuber, alsda sind Bequemlichkeit, Eitelkeit, Machtstreben, Machbarkeitswahn, Süchte und Gier und so weiter. Alles, was uns entfremdet von uns, entmachtet und enteignet, was uns daran hindert, unser Eigensein zu leben und leuchten zu lassen. Spätestens im Alter wird es Zeit, die Räuber zu vertreiben und unser Haus wieder in Besitz zu nehmen. Als Königin im eigenen Reich. Mögen wir es uns gut gehen lassen, wie die Tiere in ihrem Eigensein. Sie sind stark, weil sie all ihre Kräfte bündeln und gemeinsam für ihr neues Leben gehen. Sie erheben ihre Stimme und so können sie ihr Haus halten. Bremen, ihre Vision, hat sie aufbrechen lassen. Gefunden haben sie ihr Bremen in den Wäldern. Sie sind bei sich zu Hause angekommen. Und sie machen ihre ganz eigene Musik.

Tief in den Wäldern wartet immer schon diese wilde, großartige Frau, die wir sind. Sie späht aus der Wildnistiefe hervor. Und immer hält sie den Platz für uns an ihrem Feuer, für den Moment, wo eine den Weg zu ihrer Wildnatur findet. Der Anfang ist oft eine ehrliche Lebensbilanz. Wenn wir Dringlichkeiten abklopfen und herauskristallisieren, was nicht gelebt ist und sich danach sehnt, auch im Alter noch, gelebt zu werden. Wenn wir das abhäuten, was nicht mehr passt. Wenn wir merken, dass wir etwas, auch wenn es gut war, nicht noch hundert mal brauchen. Und es sein lassen, weil es getan ist, rundgetanzt, vollendet. Wenn wir die Wege verlassen, die keine neuen und nährenden Geschichten mehr bereithalten. Wenn wir den Weg wählen, den uns der Stern der Freude weist. Vielleicht beginnen wir etwas Neues, das niemand gutheissen oder verstehen muss. Als alte Königin in unserem Leben sind wir uns selbst tiefer als je zuvor verpflichtet. Es darf leicht gehen, im besten Fall fühlt es sich weit und frei an.

Dort in den Wäldern am alten Feuer steht unser Haus. Es hat für all unsere Eigenheiten Platz. Es gibt verschiedenste Räume, die wir bewohnen können, in denen wir uns so einrichten können, wie es stimmig ist für uns. Weil die Fähigkeit zu imaginieren so machtvoll ist und wir damit Wirklichkeit gestalten, ist es wunderbar, unser Haus in Gedanken oder auf einer schamanischen Reise oder Trance zu besuchen, es einzurichten und zu unserem Zuhause zu machen.

Die weise Alte und die Närrin

Im roten Mantel eilt sie über die Straßenkreuzung, festen Schrittes, in abgelaufenen Lederstiefeln. Drei Hüte übereinander, mit Federn geschmückt. Coladosen trägt sie um den Hals, Knochen klingen gegen kleine Schellen. Lange weiße Haare fallen über selbst verliehene Orden am Revers, ein lila Schal weht im Wind. Lose baumelt ein Messer am Gürtel, aus dem Rucksack spitzt eine Rose. Ihr Leiterwagen ist prall gefüllt. Eine Flickendecke verhüllt den Inhalt. Ein Laptop sicherlich und feine Badezusätze, Salbeisamen und eine Pfeife, Brokatkissen, ein Besen und noch so manches. Sie pfeift ein Lied – *je ne regrette rien, ich bereue nichts* – und der weise Leichtsinn sitzt auf ihrer Schulter. Zeit umzuziehen, es ist zu eng geworden.

Närrin und Weise Alte sind im alten Norden und im Osten des Lebensrades beheimatet. Höchste verwirklichte Nordweisheit und die Zeit des Frühlings kommen zusammen. Die Kraft des Neubeginns, des Erwachens ist bei den weisen Alten deutlich zu spüren. Sie bewohnen den Teil des Lebensrades, der die Funkenflüge, die Musenküsse, eine große Freiheit und Weite für uns bereithält. Die Weise Alte und die Närrin kennen sich aus in den wildesten Landstrichen der Seele. Mit ihrem Humor und ihrer uralten Weisheit zeigen sie, wie es geht, das freizugeben, was nicht mehr stimmig ist. Sie wissen, wie neue Routen zu finden sind, gerade in Zeiten, in denen viel vom Alten in Auflösung ist. Im Ostland erkunden wir, welche Wege uns in ein gutes Morgen führen und was dort auf uns wartet. Die Kraft der Erneuerung, des Ungeordneten und Wilden, des Uralten ist eine wichtige Medizin, welche die Alten den Jungen geben können. Sie locken in wilde Zonen, weil sie wissen, dass den Menschen dort eine wichtige Kraft zuwächst. Es ist eine Reise zur Meisterin des Ungeordneten, zur Weisen Alten, die lehrt, sich beherzt und manchmal verwegen auf das Ungezähmte, Ungeordnete, Unberechenbare einzulassen, letztlich auf das Leben, denn das ist genau so. Sie fordert dazu auf, in ein unbekanntes Land auf- und aus starren Mustern auszubrechen und sich und die Welt mit frischen Augen und aus neuer Perspektive zu betrachten. Das weist den Weg zu bisher unerschlossenen Weisheitsquellen.

Die Weise Alte und die Närrin sind zwei Archetypen mit einer großen Schnittmenge. Beide sind alt, beide sind nah an der großen Schwelle. Deshalb sind sie im angstfreien Kontakt mit der Tödin, beide tanzen mit ihr. Sie haben das Rad durchwandert, sie sind die letzten vor dem Schritt über die große Schwelle.

Nicht umsonst ist es das heiligste Feuer, an dem die Ältesten und die kleinen Kinder zusammensitzen und dann Hand in Hand auf die leuchtenden Berge zugehen. Sie sind diejenigen, die am nächsten am Tor hinüber sind, von der jeweils anderen Seite. Die einen sind gerade gekommen, die anderen sind am absehbaren Gehen.
Närrin und Weise Alte sind Lehrende, Mentorinnen. Sie lehren mit ihrer Weisheit, ihrem Humor und ihrer Liebe. Die Wertschätzung des Lebens ist tief in ihnen integriert. Beide wissen um die Kraft des scheinbar Unperfekten. Beide sind nicht mehr zu kriegen mit Angstszenarien, mit Scham und Drohungen. Sie sind auf schönste Weise unverschämt. Identitäten und Etiketten haben sie losgelassen und die Namensgebung haben sie rückgängig gemacht. Sie sind eine Art *No Names* geworden, *Zero Chiefs*. Mit ihrem wilden und weisen Bewusstsein blicken sie ins Herz der Welt. Wenn sie etwas zelebrieren, dann das Wundersame. Beide haben gemeinsam, dass man sie aufsuchen muss, denn sie werden ihre Dienste nicht anbieten oder verkaufen. Schauen wir uns was ab von ihnen.

Das heilige Wilde

Es ist die Wesensnatur der Weisen Alten und der Närrin. In ihnen wohnen die Kräfte einer nicht domestizierten Welt. Die göttliche Schelmin und die alte Rebellin überschreiten Regeln, wie in einem Urakt des bewussten Verstoßes gegen kollektive Regeln, wenn diese nicht lebensdienlich sind. Sie sind frei und wild, unberechenbar und grenzüberschreitend. Tabus interessieren sie nicht, das ist die Freiheit der Alten und der Närrin. Geehrt und gefürchtet sind sie, wenn sie die Wahrheit aussprechen, auch vollkommen political incorrect, das ist ihnen egal.
Es gehört ins Weisheitsfeld der Alten und der Närrin, vorgefasste Überzeugungen durcheinander zu wirbeln, etwas in Frage zu stellen, die Feuer der Veränderung und Erneuerung anzufachen. Das ist die Frühlingskraft, die den alt gewordenen Winter, die starren Ordnungen, die zugefrorenen Flüsse einen Spalt öffnet, damit es wieder ins Fliessen kommt, damit sich das Bewusstsein weitet. Das hat Sprengkraft. All das würde zu uns Alten gehören, es wäre unsere Aufgabe.

In vielen Geschichten sind sie mit Fetzengewändern gekleidet, wie die als Bettlerin verkleidete Dakini oder die gestaltgewandelte Närrin. Was für eine Erfahrung ist es denn, wenn wir uns so kleiden und hinaus gehen auf die Straße? Wenn wir auf alle Etiketten verzichten, die uns Sicherheit geben. Machmal tragen sie auch Gewänder von Toten. Da ist die Nähe zur Tödin zu spüren. Sie sind Grenzgängerinnen, die sich an Schwellen und Grenzen aufhalten. An der mächtigsten Schwelle sogar, der aus und ins Leben. Sie wissen, wie zerbrechlich das Leben mit allen Konzepten und Ordnungen ist, sie zeigen es auf. Sie hinterfragen und klopfen ab. Sie kennen die Zufallsmomente und die Möglichkeitsräume.
Sie wissen, wie schnell das Unerwartete da sein kann, das unmöglich Geglaubte. Beide führen die Menschen in die Zonen von Unschärfe, in Graubereiche. Weil es eben nicht einfach nur schwarz-weiß ist. Dort ist es schillernd, flirrend, bewegt, unbestimmt.
Sie ermutigen, eigenwillig zu sein, im Eigensein zu leuchten. Nach der eigenen Wahrheit zu leben, das gefällt ihnen. Sie fragen das Wahrhaftige ab. Das braucht nicht als allgemein richtig angesehen zu werden und kein allgemein gültiges Lebenskonzept zu sein. Sie geben freudig ihren Segen, wenn eine bereit ist, bekannte Wege zu verlassen und sich auf dieser Reise selbst zu erkennen und sich gemäß den eigenen Erkenntnissen zu verändern. Was ihnen andere zugedacht haben, braucht für sie keine Gültigkeit haben. Frei und unabhängig zu sein, selbstverständlich und lustvoll, das sind ihre Geschenke.

Der Rat der Alten

Es ist die Zeit der Dunkelmondin. Die Alten haben beschlossen, einen Rat abzuhalten. Die Wanderalte sitzt bereits am Feuer. Sie raucht, wirft Kräuter in die Flammen und spürt in die Nacht hinaus. Die greise Waldfrau, die Buschgroßmutter und zwei steinalte Moosweiber werden gleich ankommen. Die Roggenalte, Ahnfrauen, eine Alte im Blutgewand, die alte Spinnenfrau, die Stammütter, dreizehn an der Zahl, gesellen sich langsam ums Feuer, begrüßen sich, scherzen, schweigen miteinander, denken nach, erzählen, bis die Letzte eingetroffen ist. Sie beginnen zu summen, sie rufen die Winde und die Kräfte der vier Himmelsrichtungen. Sie errichten einen magischen Raum, wispern, ziehen Zeichen in die Luft. Ein unsichtbares Netz entsteht, ein Gespinst über die Erde und weit in den Kosmos hinein. In Windeseile haben sie einen magischen Raum errichtet.
Sie beginnen zu beratschlagen. Darüber, was es für Auswirkungen hat, wenn die Alten nicht mehr geehrt werden, wenn eine die Alte in sich selbst nicht achtet und nicht zu schätzen weiß, wenn eine nicht in Würde alt werden kann. Das hieße, die Erfahrung der Vergangenheit zu verlieren, samt dem Wissen, meint eine Stammutter. Schwer sei es, dabei zuzusehen, wie angepasst und brav viele seien, wie viel Angst sie vor dem Altwerden hätten. Deshalb werden wir so selten gerufen, deshalb meiden sie uns, bemerkt die Roggenalte dazu. Unerschrockenheit sei Mangelware. Ohnmacht, Versehrtheiten, Einsamkeiten, vieles sähen sie.
Jetzt sei es endgültig genug, befinden sie einstimmig. Zu lange hätten einige daran verdient und ihren Vorteil gehabt, dass so viele den ihnen zustehenden Raum

nicht einnähmen. Noch lange sprechen sie über Macht und Ohnmacht, Mangel und Fülle auf den Frauenwegen. Sie beschließen, dass es an der Zeit ist, Feuer zu legen, überall.
„Ich entzünde das Feuer der Wildheit“, ruft ein Holzweib. „Und ich das der Eigenmacht“, kichert die Wanderalte, „auf dass sie jeden Schuh ins Eck werfen, den sich die Frauen nicht anziehen wollen.“ Die Sinneslust, die Erinnerung, Einblicke schicken sie los. Sie beginnen zu zündeln, um schließlich einen Flächenbrand auszulösen. Die Großmutterkraft rufen sie wach, damit im Gedächtnis das geschaut wird, was die Urgroßmütter der Großmütter wussten, damit letztendlich alles wieder erinnert werden kann, egal, wie weit es zurückliegt.
Wind kommt auf, die Feuer werden angefacht. Das Wissen, dass Frauen einst die Gesetze machten, selbstbestimmt ihre Sexualität lebten, Hüterinnen über Tod und Leben waren, dass sie etwas vom Sterben verstanden, all das lodert hell in der Dunkelheit. Ruhig brennt das Vertrauen, sich im Schattenreich bewegen zu können und die Tödin nicht zu fürchten. Etwas weiter weg glimmt die Energie der Herzenskriegerin vor sich hin. Überall flackert und züngelt es oder brennt bereits lichterloh.
Steinalt wie sie sind, wissen sie um die Zeit. Eine Ahnfrau schätzt, dass ihre Saat in vierhundert Jahren aufgehen wird. Die alte Spinnfrau überlegt lange. Ja, das sei durchaus realistisch, sie glaube auch, dass es nun schnell gehen wird. Die Zeit sei reif dafür.

Schwarz

In viele Schichten tiefroter Gewänder gekleidet, kam sie den Alten entgegen. Eine der Ältesten tauchte ihre Finger in Ruß und malte ihr ein schwarzes Zeichen auf die Stirn. „Nun wirst du in deinen tiefsten Tanz finden, wir werden dich lehren, mit Kalahatri, der kosmischen Nacht zu tanzen." Das Sonnenlicht fiel auf die Kleider der Alten, die in einem sehr warmen, tiefen Schwarz leuchteten. Alle Farben konnte sie darin ahnen. Dunkelfarbigkeit. Irgendwann einmal reisen wir in unser lebendiges Schwarz.

In alter Zeit haben uns die alten Frauen mit den faszinierenden schwarzen Gewändern gerufen. Sie sahen aus wie der offene Nachthimmel in dunklem, intensivem Blauschwarz. Sie haben uns einen neuen Namen gegeben, um neu in unser Schwarzblumenmorgen zu gehen. Wir haben die heiligen Stätten der Dunklen Göttinnen aufgesucht, Hekates Garten, den Urdbrunnen, die Kalitempel. Wir sind zu den schwarzen Madonnen gegangen und Kybele hatte einen schwarzen Meteoritstein als Geschenk für uns.
Auf unserer Reise begegneten wir vielen alten Frauen, Heilkundigen, Wilden, Machtvollen, eigenwilligen wölfischen Alten. Von ihnen haben wir gelernt, unsere roten Kleider zu überfärben. Das erste Mal mit Blauholz gefärbt, wandelt sich das Tuch in einen leichten Violett-Ton um. Es ist die erste Manifestation hin zur Farbe des Schwarzmondfeuers. Der erste Stift war ein verkohlter Ast, mit dem unsere steinzeitlichen Vorfahrinnen Linien und Flächen mit zerstoßener Holzkohle, Ruß und grauschwarzer Erdfarbe gezeichnet haben.

Wie vor Tausenden von Jahren tauchen wir in die Bedeutung von Schwarz ein. Immer tiefer überfärben sich die Töne. Sie beginnen, denen der Alten zu ähneln. Alle Lebenserfahrungen sind darin enthalten. Mit Indigo und Blauholz, dem bläulichen Knochenschwarz und Elfenbeinschwarz entfaltet sich die schwarze Lebensabschnittsblume. Mit dem tiefer werdenden Schwarz beheimaten wir uns immer mehr in unseren Schwarzmondzeiten, dem Alter. Vielleicht sind wir am Punkt des tiefsten, vollkommensten Schwarz unsichtbar geworden. Dann, wenn wir alle Gegensätze aufgehoben haben. Es ist der Punkt der höchsten Freiheit. Eine Ahnung von dem, was kommt, breitet sich in die Dunkelheit hinein aus.

Zeitenwandern

Wandern wir durch Zeiten und Kulturen. Verbinden wir uns mit all den weisen Frauen, die Altfeuerland bewohnt haben, die es bereichert haben, geliebt, belebt, erforscht. Um mit ihnen in Kontakt zu gehen, lasst uns ihre Orte aufsuchen, die Hügelgräber, die heiligen Höhlen, ihre Tempel, Haine und Inseln. Wie die vor der bretonischen Küste, auf der es neun alte, weißhaarige Priesterinnen gab, die heilten und weissagten, die Gestaltwandlerinnen und Wettermacherinnen waren. Die Seherinnen gehören dazu, wie Sibylle, die im verborgenen lebende Seherin und Heilerin. Sie waren wie die alten Hohepriesterinnen geehrt und geachtet und auch gefürchtet, wenn sich mit ihrem Blick die Waagschalen gesenkt haben. Rufen wir Tiamat, Atropos die Schnitterin, Moira ... Die Parzen wurden beispielsweise im Leben-Tod-Aspekt, der Ganzheit des Seins, mit Speisen und drei Messern geehrt. Oder Roma und Sinti kannten den Brauch, auf das Bett eines Neugeborenen drei Brote zu legen, für jede Schicksalsgöttin eines.
Wenn eine nicht mehr blutet, wird vom magischen Blut der Alten, der Grandmère, der Großen Mutter gesprochen, welches eine Quelle der Weisheit ist. Die Zeit des magischen Blutes, die Schwarzmondzeit, ist die machtvolle Zeit der Stammesmütter. Ihnen obliegen Recht und Gesetz, denn sie sind zuhause im Naturrecht. Sie haben magische Kenntnisse und ein tiefes spirituelles Wissen. Sie kennen, wie Hekau, die Worte der Macht oder sie vermögen, wie Saga, die alte Orakelpriesterin, aus dem Raum der heiligen Poesie heraus zu sprechen und zu weissagen. Sie erheben ihre Stimme. Wir wissen ja, dass zornvolle weibliche Stimmen zwar irritieren, aber gehört werden sie.
Könige wurden von den alten Frauen ausgesucht und inthronisiert. Wer sonst wüsste so genau Bescheid über die Fähigkeiten der Menschen wie die alten Frauen, die den Jüngeren ein Leben lang zugeschaut haben, sie unterwiesen und initiiert haben. Sie wissen, wer geeignet ist und wer nicht. Der Rat der älteren Frauen hat maßgeblich die Geschicke vieler Stämme und Kulturen bestimmt. Sie haben das Kostbarste gehütet, die heiligen Stätten, den schwarzen Stein, Rituale

und Wissen. Gerade in den Jahren der Weisheit haben Frauen wichtige Erfindungen gemacht oder bedeutende kreative Dinge geschaffen. Ihre Macht war eine Macht-von-Innen, Eigenmacht, Ermächtigtsein. Die patriarchale Macht-Über gehört nicht dazu. Wenn eine so machtvoll ist, so unabhängig und frei, dann braucht sie über niemand bestimmen.
Die Alten waren Fährfrauen, Seherinnen, Seelenbegleiterinnen und Lehrende. Seltsame Überbleibsel sind die britischen weißen Perrücken in den Gerichten. Sie erinnern an die weißhaarige Alte, die Recht gesprochen hat.
Immer, wenn es nah an die große Schwelle geht oder um ein sehr weites Hineinloten in andere Felder und Ebenen, kommen die alten Frauen ins Spiel. So ist es auch, wenn es um Tod und Trauer und das rituelle Begleiten geht. Da gibt es eine bei uns verlorengegangene Augabe der Alten, die, wenn wir sie woanders auf der Welt sehen, machtvoll und eindrücklich ist. Es ist die rituelle Klage mit den Klageweibern, die immer alte Frauen sind. Sie tauchen auf, in schwarz gekleidet und sie erspüren den kollektiven Schmerz und geben ihm rituell Ausdruck. Sie sind Kanal und Medium für tiefe Trauer. Es gibt sie in vielen Kulturen, das Ritual der Klage ist sehr alt. Die Klageweiber kommen zu Trauerfeiern und Begräbnissen. Es ist ihre Aufgabe, den Menschen bei der Trauer- und Schmerzbewältigung beizustehen. Und so beklagen, schluchzen, weinen, seufzen sie, schreien den Schmerz heraus, geben ihm Raum. Sie lösen sich darin nicht auf. Sie kennen das Instrument der rituellen Klage. Es braucht die Alten, die es verkörpern können und doch nicht mitgerissen werden. Es braucht die alte, weise Kraft für solche Rituale. Sie vermögen es, Kanal zu sein.
Und heute, bei uns? Trauer und Schmerz und Empörung sind berechtigt, denn wir sind so weit weg von gesunder Menschengemeinschaft. Gerade in einer Welt, die so bebt und so voller Schmerz ist, braucht es eine Instanz, die dem tief und mächtig Ausdruck verleiht und dabei weiß, was sie tut und in der Kraft bleibt. Das Instrument der Klage ist uns abhanden gekommen.

Die Alten kennen die weisen Tränen. Mögen sie ein gemeinsames großes Klagelied singen. Ein Klageliég der Weh- und Anklage, mitfühlend, um Trauer wissend. Teilen wir unsere Geschichten, ducken wir uns nicht weg. Der Weg ins Altfeuerland zeigt uns die Schönheit in den Geschichten und wie wir unsere Geschichte nach Hause bringen können. Manche Geschichten wollen im großen Kreis herausgebrüllt, andere still ans Meer getragen oder in der Dusche beweint werden. Lasst uns unsere Zunge wiederfinden. Leben will sich ausdrücken. Lasst uns Räume schaffen für die Geschichten und ihre Weisen. Die Trauer ist so lautlos geworden, machen wir sie hörbar, sichtbar. Da sind die Alten gefragt. Sie singen traditionell die Schicksalslieder, sie vermögen es, den kollektiven Abschied von etwas zu begleiten, denn sie sind verbunden mit den Schicksalsgöttinnen, mit der Tödin und sie sind in einer wunderbaren Weise selbstverständlich mit ihnen verbunden, genauso wie mit dem Leben.

Die Alten haben die Kalender gemacht, getröstet, geheilt, sie waren Priesterinnen der letzten Übergansriten, waren Prophetin und Magierin. Als Hohepriesterinnen haben sie die innersten Geheimnisse gehütet. In Rom gab es auch Hebammen-Priesterinnen, Älteste in der heiligen Schwesternschaft. Da treffen wir auch die *med-wyf*, die weise Frau und spätere *midwife*, die Hebamme. Sie sitzen an den Feuern, nach denen sich viele in Zeiten wie unseren sehnen. Es gab sie, erreichbar, nah, als Teil des Lebens der Alten. Die Alte, die Königin der Schatten, die Weise der Nacht ist eine Seelenbegleiterin durch dunkle Zonen des Lebens, hinüber und weiter auf anderen Ebenen.

Die all-sehende Alte schaut weiter und tiefer als jemals zuvor. Ihr Blick durchdringt Täuschungen und Nebel, Dunkelheit und Schein. Sie schaut in die Seelen und durch die alltägliche Wirklichkeitsebene hindurch. Sie repräsentiert die Göttin in ihrem schwarzen Aspekt und der ist bisweilen furchteinflößend. So wie Schneestürme und Eis, winterliche Dunkelzeit und das wilde Meer, wie Geröllawinen und Vulkanausbrüche. Nicht umsonst werden die Alten manchmal gefürchtet, wenn sie vor sich hinmurmeln. Es könnte der Todesfluch sein, von dem in Erzählungen die Rede ist. Es heißt, der Fluch der Alten sei der mächtigste. Er kann Gottheiten verschlingen und die Welt untergehen lassen. Ob es wirklich ein Fluch ist oder ein Segen, sei dahingestellt. Denn die Todesgöttinnen, die Weise Alte können gefährlich sein und zerstörerisch, um einen neuen Zyklus zu ermöglichen. Die Göttin, die Große Mutter ist alles, Geburt und Tod, Liebe, Wissen, Zeit, Steine, Meere, Sterne, Berge, Erde, Schicksal. Und wie die Natur lässt sich die Alte nicht manipulieren. Sie ist ihren eigenen Gesetzen treu, unbestechlich, auch unerbittlich manchmal. Sie lehrt immer wieder, dass es darum geht, mit und als Teil der Natur zu leben, zu unserem Wohl und dem der Kommenden, weil wir Natur sind. Auf matriarchalen Wegen finden wir ihren Namen tausendfach in allen Aspekten. Es war einmal vollkommen anders, als es heute hier bei uns ist. Holen wir es uns wieder. Denn das Wissen um die Schicksalsgöttinnen, die Dunklen Göttinnen, die Weisheit und Tiefe der formlosen Mutter lässt uns ganz anders alt werden. Sie waren einstmals selbstverständlicher Teil unseres Lebens und sie haben uns geprägt. Sie haben uns auf dem Weg ins Ahnenfeld begleitet und in ein neues Leben hinein.

Moment für Moment
mich erneuern und sterben.
Mich in mir wandeln.

Als Alte bleiben wir weiter Werdende, weil es das Wesen unseres Menschseins, des Lebendigseins ist. Wir gehen weiter über Schwellen, wir erweitern uns um neue Erkenntnisse und häuten uns immer wieder, im Wissen, dass nichts stillsteht, nichts für immer ist. Alles Existierende ist sterblich, ist flüchtig. Darin liegt eine geheimnisvolle Schönheit, die von Natürlichkeit erzählt. Es ist gelebt, getränkt mit Lebensberührung, mit Jahren, wie altes Holz, wie vermooste Steine, wie vom Wind über Jahrhunderte geformte Landschaft. Genießen wir unsere innere Ernte. Bestaunen wir die Früchte unserer Erfahrungen. So sind wir verwurzelt in unserem Lebensreichtum und zugleich im Fluss. Je älter wir werden, umso mehr spüren wir, wie unsere Flügel beginnen, sich zu öffnen und bereitmachen für den Moment des Wegfliegens. Dann, wenn die inneren Reisen zunehmend länger und tiefer werden und wir als geübte Reisende furchtlos durch die unwegsamste innere Wildnis ziehen. Dort begleitet uns die Uralte, die Knochenmutter.

Werde ich einmal am Herdfeuer die großen Reisen tun und die letzten Geheimnisse von Wandlung erkunden? Dann, wenn ich öfter auf altvertrauten Wegen in anderen Welten und Ebenen unterwegs bin und vielleicht wie Freya in eine Falkenhaut steige, fliege und jedes Mal etwas mehr an Wissen um die Zukunft mitbringe. Werde ich einmal ins Morgen tanzen, das Leben in die sich öffnende Spirale hinein rundtanzen? Möge ich irgendwann einmal den Spiralwind hören und sanft und im Frieden mit meinem Leben mit ihm fortziehen.

Die Fragen der Alten

Kommt eine Fee und sagt: „Du hast drei Fragen frei."
Sie ist von der Weisen Alten geschickt worden, damit die Leute das Fragen nicht verlernen. Am alten Feuer geht es mehr denn je um die Frage, was essentiell ist. Wenn zum Beispiel die Alten für die Fragen der Jungen gehen, dann nehmen sie die Witterung auf und folgen den Gesetzen des Lebens, der Natur, der Wildnis, um die Fährte zu finden hin zu weisen Antworten.
Die Fragen aussprechen, sie ehren, sie hüten, sie zulassen, das ist essentiell. Für Wachstum, für alle Forschenden, weil wir wissen wollen und Freude daran haben. Im besten Fall werden wir ein Leben lang darin bestärkt, Fragen zu stellen und lernen es von klein auf von den Alten. Denn gut gefragt ist halb erleuchtet. Wir leben nicht in einer halb erleuchteten Gesellschaft, was schon schade ist. Das mag daran liegen, dass wir nicht für das Fragen gehen. Die Angst vor den Antworten scheint groß zu sein. Mögen wir Alten die Hüterinnen des Fragens sein. Fragen gehören zur Freiheit. Sie sind Gold wert.
Fragefreude ist eine gute Medizin. Fragen haben Erleuchtungspotenzial.

Von Banden und von Zärtlichkeit

Netze weben, Banden bilden und Gemeinschaft leben – dafür lasst uns Alte gehen. Die Alten wissen die guten Bande zu schätzen, denn sie wissen, dass sie tragen. Die Alten wissen wie wichtig es ist, dass das Netz die Menschen auffängt, gerade in Übergangszeiten und vor allem, wenn wir nah an der großen Schwelle sind – als Allerkleinste, die gerade ins Leben gekommen sind und als Ältere, die sich bereit machen, zu gehen. Die weisen Alten weben Netze, um andere beim Aufwachen aufzufangen. In Zeiten großer Entwurzelung braucht es beste Gemeinschaften, nährende Kreise, ein wildes und lustvolles Miteinander. Banden sind kein Kaffeekränzchen und auch keine literarische Diskussionsgruppe. Eine Bande ist wild, abenteuernd, manchmal lärmend und johlend, bisweilen meuternd und noch so einiges. Besonders gefährlich für Machthabende sind die Banden von verrückten Alten, die es ernst meinen, die machtvoll die Gesetze des Lebens benennen und die nicht müde werden, Fragen zu stellen.
Die Weise Alte, die alte Anarchistin, die Närrin, sie fragen: „Brauche ich eigentlich wen, der mich regiert? Dem ich die Macht gebe, mein Leben zu regeln? Ich glaube nicht. Ich traue es uns zu, dass wir es selbst hinbekommen, ganz anders organisiert, kleinteiliger, naheliegend. Das genaue Wie wird sich finden."
Spinnen und Katzen sind auch unregierbar. Sie haben nicht mal ein Alphatier. Warum kann das für uns Silberfüchsinnen nicht auch ein guter Weg sein? Selbstbestimmt, zärtlich, humorvoll und frei. Von dort aus wird es weitere Kreise ziehen, in die Gemeinschaften hinein, übers Land und sich verbreiten. Kleine Medizinschachteln entstehen zur Erinnerung an die Freude, wenn wir lebensliebende Banden bilden, für die Kraft, unregierbar zu sein und für die Erinnerung an radikale Zärtlichkeit.

Ein neuer Platz

Im Altfeuerland wartet ein neuer Platz auf uns. Ihn gilt es zu finden. Es ist ein Prozess, an diesen neuen Platz wachsen wir hin. Oftmals verschieben sich die Aufgaben und Rollen. Es könnte sein, dass wir nah am Bisherigen bleiben und doch merken, dass es nicht der vertraute, sichere Pfad ist, den wir kennen.
Bei mir ändert sich gerade das Feld des Lehrens und Wegbegleitens. Ein neuer Ort hat es mich deutlich spüren lassen. Es ist ein Ort, der naturnah ist, mit starken Wäldern, Eiben und Winden, den Bergen, dem Schnee und der Stille. Die Wirkkraft des Landes ist machtvoll. Es ist wie einen Schritt hinter das Land selbst zu treten. Die Natur übernimmt. Ich bin nicht mehr vorrangig Gestalterin, sondern nur die Ruferin ans Feuer.
Auf eine Art wird es immer unabhängiger von den Umständen. Ich glaube, dass die Alten auf Müllhalden wirken können und straßentauglich sind und andererseits gibt es ein Ahnen, dass es das Land braucht, damit etwas getragen ist, den wirklichen Mutterboden und die Ältesten. Auf großer Höhe habe ich die Nase in den Wind gehalten und gesehen, wie ich hüte, initiiere, begleite, ermögliche. Da war ein tiefes Dienen – dem Leben, dem Land, den Feldern. Noch ertaste ich es. Erfassen kann ich es mental zwar ein bisschen, bis es im Stoffwechsel ist, wird es dauern. Es manifestiert sich langsam, behutsam.

So manches im Bisherigen will ich in andere Hände geben, um mich zu fokussieren, um tiefer gehen zu können als bisher. Um Ausweitung geht es nicht mehr. Vielleicht findet etwas eine Umsetzung, wofür wir viele Jahre gegangen sind. Wie bei mir die schamanische Kraft im Alltag, auch sie wandert am neuen Ort

auf neue Weise ins Lehrfeld. Der Gestaltungsraum ist gleichzeitig Küche und Essraum. Alles in einem. Das ist neu in meiner Arbeit. Das habe ich bisher nur bei Indigenen kennengelernt. Es war nicht geplant, es ist gekommen. Und es bleibt aufregend, mit den Bällen, die uns zugeworfen werden, mit den Samen, die auf einmal aufgehen und den neuen Feuern im Schwarzblumenland, die uns rufen.

Die Alten gehen in die aufgehende Sonne hinein, in den großen Tanz von Leben und Sterben und tief hinein in das Mysterium des Lebens. Es ist wie eine Rückkehr zur Quelle, wenn der Kreislauf unseres Seins vollendet ist. Im Ostschild des Lebensrades entwickeln wir den Instinkt für das Ewige, das Große Ganze. Die Funken des Neubeginns, die Erneuerkraft des Osten, das Frühlingserwachen, all das lässt uns auch neue Wege finden und uraltes Seelenland erkunden. Funkenfliegend wird es weit und frei, vielleicht auch, weil wir so einiges in andere Hände geben und die Lebensgestalterin Lebensdienerin geworden ist.

Es gibt sie in uns allen. Sie ist wie ein Juwel, vielleicht noch nicht ganz entdeckt und doch ist sie da. Sie wartet auf uns, egal wie lange wir uns Zeit lassen, sie aufzusuchen. Wir können sie visualisieren und mit ihr als weiser Ratgeberin kommunizieren. Durch Hinwendung wird sie uns nähren und begleiten. Werden wir uns ihrer gewahr, freunden wir uns an, lernen wir sie immer besser kennen, als lebendige Weisheitsessenz in uns.

Wo im Körper spüren wir die Weise Alte am kraftvollsten? Machen wir sie ausfindig. Wie fühlt sie sich an? Hat sie eine Farbe, wie ist die Temperatur, gibt es einen Klang, wie ist ihre Beschaffenheit? Wenn wir ihre Kraft spüren und erkundet haben, dann laden wir sie ein, ein lebendiges Wesen zu werden, das direkt vor uns sitzt. Welche Gestalt nimmt sie an? Erforschen wir sie. Wie zeigt sie sich uns? Wie ist ihr Äußeres, ihr Alter, ihre Energie? Wie geht es uns, wenn wir ihr gegenüber sitzen? Wie ist es, ihr in die Augen zu schauen?
Manchmal ist es hinderlich, wenn wir klare Vorstellungen haben, wie die Weise Alte aussehen sollte. Lasst uns offen bleiben, auch wenn sie ungewöhnlich erscheint oder viel zu jung ist oder im lila Lackkleid und Highheels auftaucht. Es wird einen Grund haben. Wir können sie auch fragen und ihr mitteilen, dass wir irritiert sind. Es ist spannend, den eigenen Festlegungen auf die Spur zu kommen. Je festgelegter ich bin, desto intensiver machen mir die Spirits oder meine Weisheitsquellen einen Strich durch die Rechnung, als wollten sie den engen Vorstellungsraum öffnen, in den ich mich selbst eingeschlossen habe.
Gerade die Alte wird ihn sprengen, denn im Schwarzblumenland geht es um eine vielleicht bis dahin nicht gekannte Weite.

Wenn die Weise Alte vor uns im Raum Gestalt angenommen hat, können wir ihr Fragen stellen und mit ihr kommunizieren. Wir stellen unsere Fragen, ohne auf die Antwort zu warten.
„Was wünschst du dir von mir? Was ist die Kraft in mir, auf die ich mich hundertprozentig verlassen kann, meine weiseste und älteste Kraft? Wie kann ich in meiner Schwarzblumenzeit am besten wirken? Wie kann ich dich rufen, wenn ich dich brauche?" Wir können alle Fragen stellen, die uns bewegen.

Dann nehmen wir in Gedanken den Platz der Weisen Alten ein. Um die Antworten zu erfahren, sind wir jetzt selbst die Weise Alte. Wir schauen durch ihre Augen auf die Frau, die wir sind und die vor ihr sitzt. Wir gehen in ihre Wahrheit, in ihre Weisheit. Dann beantworten wir die Fragen aus ihrer Sicht. Wenn es laut gesprochen ist hat es nochmal mehr Kraft. „Ich wünsche mir von dieser Frau, ..." Sie wird alle gestellten Fragen beantworten. Danach gehen wir wieder in unseren Körper, an unseren Platz zurück. Mit aller Zeit, um dort in Ruhe anzukommen.

Wir schauen auf die Weise Alte vor uns, im Wissen, dass sie zu unserer Essenz gehört. Eine Möglichkeit ist, mir ihr in die Vergangenheit zu reisen, in herausfordernde Situationen. Lassen wir sie darauf schauen und heilsam wirken. Begegnen wir den Menschen und Situationen jetzt mit der Weisheit und der Kraft der Alten. Mit ihr können wir Geschichten umschreiben, fortschreiben, neu schreiben. Wenn wir wieder zurückgereist sind, können wir mit ihr in die Zukunft und in Situationen reisen, die uns beschäftigen und auf die wir gut vorbereitet sein wollen. Auch da lassen wir sie draufschauen und heilsam wirken. Dann kommen wir wieder zurück.

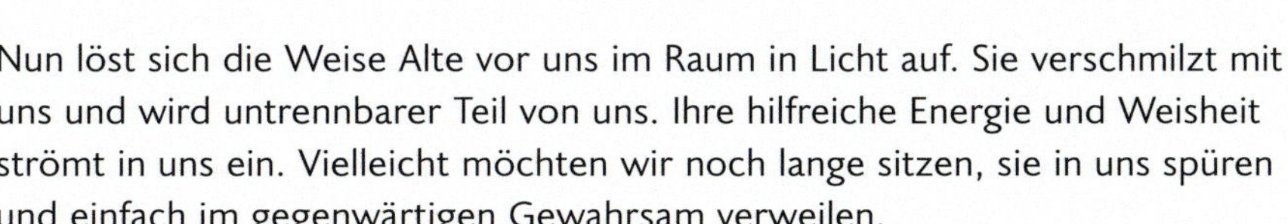

Nun löst sich die Weise Alte vor uns im Raum in Licht auf. Sie verschmilzt mit uns und wird untrennbarer Teil von uns. Ihre hilfreiche Energie und Weisheit strömt in uns ein. Vielleicht möchten wir noch lange sitzen, sie in uns spüren und einfach im gegenwärtigen Gewahrsam verweilen.

Gebet fürs Älterwerden

Brandaktuell und wunderbar geschrieben vor fast fünfhundert Jahren von Teresa von Ávila (Gebetsfragmente).

Bewahre mich vor der Einbildung bei jeder Gelegenheit und zu jedem Thema etwas sagen zu müssen.

Erlöse mich von der großen Leidenschaft, die Angelegenheiten anderer ordnen zu wollen.

Bewahre mich vor der Aufzählung endloser Einzelheiten und verleihe mir Schwingen, zur Pointe zu gelangen.

Gebete

Lehre mich Schweigen über meine Krankheiten und Beschwerden. Sie nehmen zu und die LUST, sie zu beschreiben, wächst von Jahr zu Jahr.

Lehre mich, an anderen Menschen unerwartete Talente zu entdecken und verleihe mir die schöne Gabe, sie auch zu erwähnen.

Bei meiner ungeheuen Ansammlung von Weisheit erscheint es mir ja schade, sie nicht weiterzugeben aber DU verstehst, dass ich mir ein paar Freunde erhalten möchte.

Erhalte mich so liebenswert wie möglich. Ich möchte keine Heilige sein, mit ihnen lebt es sich so schwer.

Und eine Griesgram braucht es dreimal nicht.

Die Magie der Alten

Mal erscheint sie im schwarzen Fetzenmantel, mal im sinnlichen Kleid wie die Herdgöttin in China, die als schöne alte Frau in rotem Gewand beschrieben wird und die ihre Falten als Ehrenzeichen trägt. Mal umgibt die Alte ein geheimnisvolles Gespinst, das sie fast unsichtbar macht. Ganz überraschend taucht sie im Café am nächsten Straßeneck auf, dann wieder ist sie im tiefen Wald und verschwindet so schnell wie sie gekommen ist. Sie ist Fluchthelferin und kühne Wegbereiterin. Sie ist eine, die aus der Mutterwurzel Tochterbäume wachsen lässt. Und eine, die über das Vertraute hinausfliegt und dabei ihre Heimat ausdehnt. Die hilfreichen Mittel im Gepäck der Alten sind das Lachen, die Tränen, der Zauberspruch, Fragen und noch so einiges. Sie verschenkt alte Schachteln, in die sie Wortpralinen und köstliche Botschaften legt.

Die Magie der Alten passiert oft am Küchentisch. Wenn sie Suppen kochen und singen und Geschichten erzählen. Oder wenn sie ihren Tee schlurfen und den Geschichten der Jungen zuhören. Wenn sie ihren Humor auspacken dann erst recht. Kochen wir Süppchen mit guter Würze, mit Schärfe und Milde, mit Ingredienzien, die wir schmunzelnd verschweigen. Erinnern wir uns, wie es geht, mit nichts Feuer zu entzünden. Lassen wir sterben, was nicht stimmt. Seien wir unverschämt und wildweise und nachsichtig. Teilen wir großzügig unsere Landkarten. Geben wir all unser Wissen frei. Seien wir widerständig und verweigern wir uns allem, was ausbeuterisch und nicht lebensdienlich ist. Ehren wir uns dafür. Seien wir wie die Spinnen, sie brauchen niemand, der sie regiert.

Lasst uns Alte sein mit unseren verlässlichen Wurzeln und unseren starken Flügeln. Zeigen wir unsere Insignien, unsere Zeichen der Macht. Seien wir sichtbar, königlich mit unseren Clanzeichen, unseren Schilden und Wappen. Zeigen wir, dass wir etwas von Heimat verstehen und setzen wir Steine im unwegsamen Gelände, damit andere den Weg nicht verlieren und nach Hause finden. Erlauben wir uns Verschrobenheiten, Verrücktheiten und lustvolle Sinnlichkeit. Speisen wir uns gegenseitig. Lasst uns Gebete sprechen und segnen, beruhigen und aufrütteln, herausfordern, locken, anfeuern, so, dass es wie ein Frühlingserwachen ist. Erinnern und hüten wir, was kostbar ist und dem Leben dient. Sprechen wir für all die, die keine Stimme haben und kein Gehör finden. Stehen wir auf für die Erde, die Bäume und Flüsse, für die Kinder, die Tiere, die Rechtlosen. Seien wir machtvolle Fürsprecherinnen für sie. Nehmen wir unseren Platz ein trotz aller Unzulänglichkeiten. Seien wir Leuchtturm-Alte, Fackelträgerin, Pionierin, Wegweiserin. Lasst uns zusammenkommen und am Netz weben. Auf dass wir uns gegenseitig unterstützen und austauschen, berühren und ehren. Seien wir stolz auf uns, in aller Demut und Freude der winteralten Königin.

Mutterwitz, Freigeist, Eigensinn
Scharfblick, Wahrhaftigkeit
Weitblick

Alte Schachteln

Der Medizinschrank füllt sich im Älterwerden. Wissen, wann wir was brauchen. In welcher Menge und wie leicht es uns zur Verfügung steht, das ist offen. Gut ist es, wenn wir Alten uns alles aus dem Medizinschrank holen und uns alles zur Verfügung stellen, was uns kräftigt, was gesundheitsförderlich ist.
Und da gibt es einige feine Medizinen.
Alsda wären:

uns vernetzen
durchatmen
lachen, weinen
trauern, lieben
aufrichtig sein
freigeistig bleiben

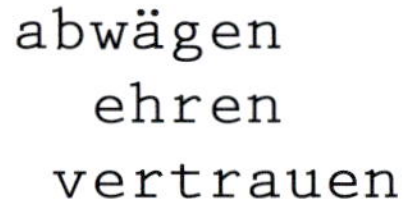

abwägen
ehren
vertrauen

erspüren
berühren
erträumen, durchlichten, wagen
es sagen, fragen, lauschen, ergründen
hinschauen
züntig sein, fühlen
wissen wollen
wanderlernen

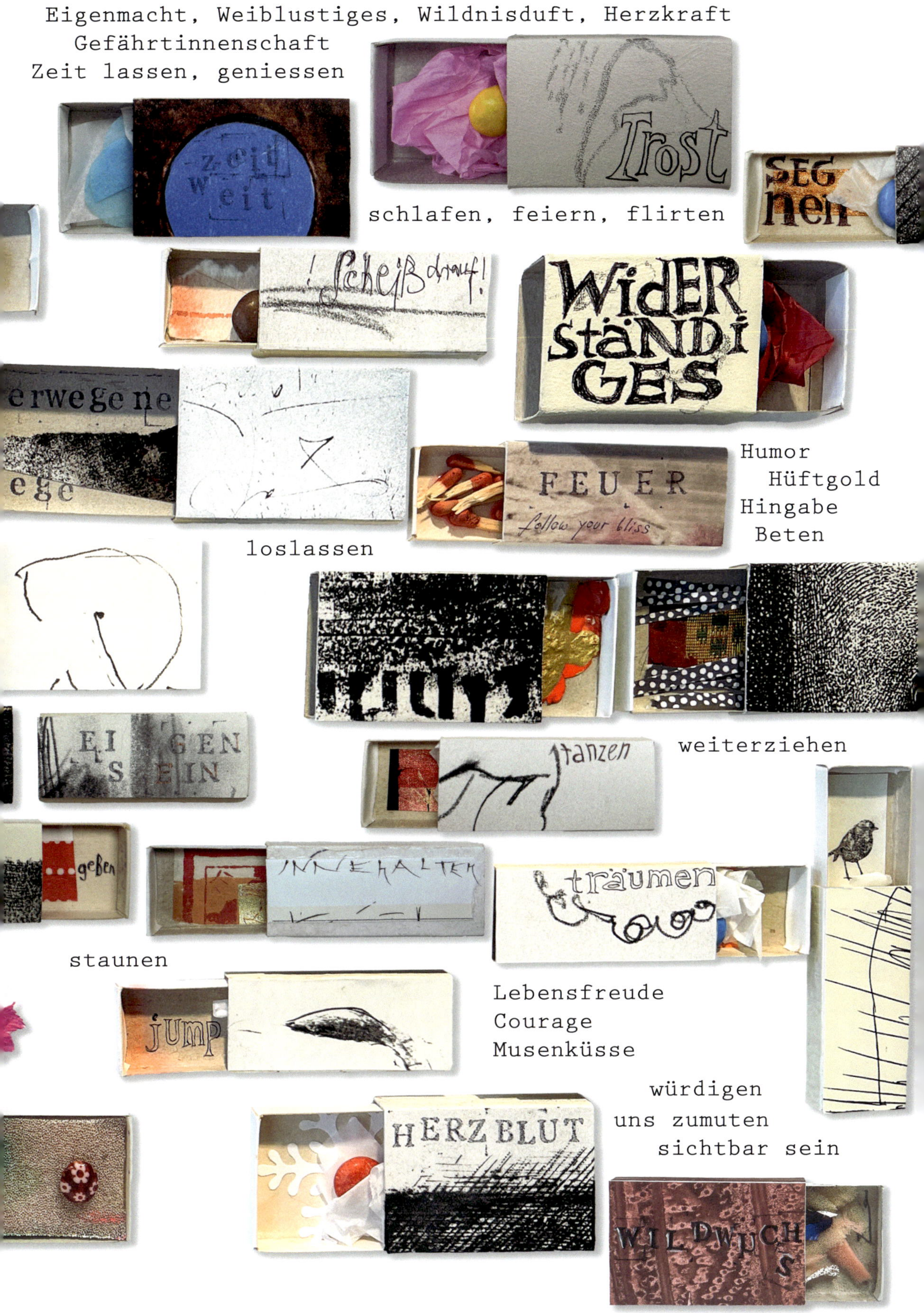

Eigenmacht, Weiblustiges, Wildnisduft, Herzkraft
Gefährtinnenschaft
Zeit lassen, geniessen
zeit weit
Trost
schlafen, feiern, flirten
SEG nen
! Scheiß drauf!
WidER StäNDi GES
erwegene
ege
FEUER
follow your bliss
Humor
Hüftgold
Hingabe
Beten
loslassen
EI GEN S SEIN
tanzen
weiterziehen
geben
INNEHALTEN
träumen
staunen
jump
Lebensfreude
Courage
Musenküsse
würdigen
uns zumuten
sichtbar sein
HERZBLUT
WILDWUCHS

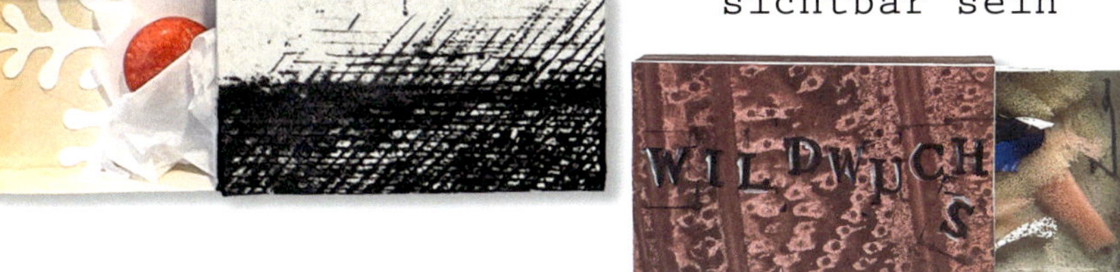

Die Bilder in diesem Buch sind ein wilder Mix aus meinem Leben. Es gibt welche aus meiner jungen, weißen Zeit, als die Töchter der Mondin unterwegs waren. Dann einige aus den roten Jahrzehnten und welche aus der Schwarzmondzeit. So wie die Erfahrungen meines Lebens zusammenkommen, so habe ich auch aus den Bilderschatzkammern Verschiedenes herausgeholt und zusammengewebt.

Danke an alle meine Gefährtinnen und Gefährten.
Für Euer Eigensein, fürs miteinander Pirschen und Erkunden und Wege teilen. Für den scharfen Blick und das Feuer in Euren Herzen. Danke an die Perchten und die Santa Muerte-Frauen für unsere Bilder und das Miteinander. Ein Dank an die FotografInnen. Die Fotos sind von Anke Rammé Firlefanz, Gustav Flohr, Lisa Yelisaveta Syñiakina, Jan Rickers und mir.

Cambra Skadé

Bayrische Künstlerin, Alltagsforscherin, Geschichtenweberin. Ich erforsche die Verbindung von Kunst, Magie, Heilen und wandere auf den Spuren von schamanischem Frauenwissen.

www.cambraskade.de
www.cambraskade.blog

Im Älterwerden verlieren sich die Zuschreibungen mehr und mehr. Andererseits wird es eindeutiger, was zu mir gehört und was nicht. Es könnte auch einfach mein Name dastehen. Bis dahin, wo es namenlos wird, scheint es mir allerdings noch ein längerer Weg zu sein.

Nährende Literatur zum alten Feuer:

Pinkola-Estés, Clarissa: Der Tanz der Großen Mutter. München: Heyne, 2007
Walker, G. Barbara: Die Weise Alte. München: Frauenoffensive, 1986
Avesta: Vom Sinn der Wechseljahre. Stuttgart: Artemis, 2012
Avesta: Alteuropäische Todesgöttinnen. Stuttgart: Artemis, 2022

ARUN-BÜCHER VON CAMBRA SKADÉ

Medizin für diese Zeiten

In diesen mächtigen Wandelzeiten braucht es gute Medizin, um sicher durch die Stürme zu kommen. Was stärkt uns? Was ist in unserem Medizinschrank? Wo sind die Quellen von Kraft und Freude, von Humor und Widerstandsfähigkeit?

144 Seiten | 4-farbig
Hardcover | 15 x 22,8 cm
ISBN 978-3-86663-132-8 | Arun

Geschichtenklang

Erzählende Heilkunst und magische Poesie

Schamanische Geschichtenheilkunst, erzählende Heilreisen, Mythenpfade und Wortzauber.

128 Seiten | 4-farbig
Hardcover | 21 x 29 cm
ISBN 978-3-86663-124-3 | Arun

Die schamanische Kraft im Alltag

Von Schamaninnen, Hausfrauen und anderen Merkwürdigen

Wie bringe ich Zauber in meinen Alltag? Wildnis in der Küche, Suppenzauber, Reinigungsrituale, Küchenverrücktheiten, Besenzauber – Zaubersprüche und Solcherlei. Neue Sichtweisen auf vertraute Alltagsgeschehnisse, das Lachen dazu und den frischen Geist der Forscherin.

144 Seiten | 4-farbig
Hardcover | 15,1 x 22,8 cm
ISBN 978-3-86663-116-8
Arun | 3. Auflage

Kunst – Magie – Heilen

Eine poetische Forschungsreise

Kunst als Fachsprache des Schamanischen und die heilenden Künste. Das Buch soll Lust machen, sich die Länder der Kunst, der Magie, des Heilens wieder anzueignen. Es soll dazu inspirieren, alle Facetten von kreativem Ausdruck zu entfalten und die Seelenkraft des Heilens zu leben.

192 Seiten | 4-farbig
Hardcover | 21 x 29,7 cm
ISBN 978-3-86663-113-7
Arun | 2. Auflage

Die Wanderin im Grenzland

Vom Aufbrechen und Ankommen und wanderlernend Unterwegssein. Von den Zeiten im Übergang, ans nächstältere Feuer.

160 Seiten | 4-farbig | Hardcover |
21 x 29 cm | ISBN 978-3-86663-121-2
Arun | 2. Auflage

Im Land der Närrin

Die Närrin initiiert uns in die Kraft der Erneuerung und gibt uns eine wichtige Medizin für die herausfordernden Wandelzeiten unserer Tage. Sie trägt uns zu neuen Ufern, um dort bisher unerschlossene Weisheitsquellen zu entdecken. und beherzt mit dem Unberechenbaren und Wilden zu tanzen.

138 Seiten | 4-farbig
Broschur | 16,5 x 23.5 cm
ISBN 978-3-86663-122-9 | Arun
2. erweiterte Auflage

Göttinnenzyklus

Weise Frauen, ihre Künste und Wirkstätten

Buch Ulla Janascheck
Karten Cambra Skadé

Ein Orakelspiel, basierend auf dem astrologischen Tierkreissystem | Göttinnen aus verschiedenen Kulturräumen (Planeten), die Künste der weisen Frauen (Zeichen) und ihre Wirkstätten (Häuser)

272 Seiten | 4-farbig | Hardcover
17 x 24 cm | 36 runde Karten und Buch im Schuber
ISBN 978-3-86663-125-0
Arun | 4. Auflage

Verwurzelt Fliegen

Das Buch erzählt von Wurzelkraft und Ahninnen, von dem, was uns ausmacht und von den Flügeln, die uns in die Weite tragen. Es gibt Anregungen für eigene rituelle und künstlerische Umsetzungen und inspiriert dazu, sich auf Ahninnen- und Wurzelreisen zu begeben.

208 Seiten | 4-farbig
Hardcover | 24 x 30 cm
ISBN 978-3-86663-087-1
Arun | 3. Auflage

Töchter der Mondin

Ein poetisches Schau- und Lesebuch

In diesem Buch wird mit Gedichten, mythischen Geschichten, Bildern, Fundstücken und Objekten vom Lebenszyklus erzählt, von der Weißen, der Roten und der weisen Alten. Die weibliche Potenz zeigt sich in phantasievoller Gestalt. Sie lockt uns, selbstbestimmt, lustvoll und einfallsreich unser Leben zu leben.

160 Seiten | 4-farbig
Hardcover | 21 x 29 cm
ISBN 978-3-86663-086-4
Arun | 5. Auflage